Il Teppista - Trent'anni maledetti a Milano

Foto: Max&Douglas (*www.max-douglas.com*)

Progetto grafico: Drina

www.ilteppista.com

www.indiscreto.it

ISBN: 978-88-905062-2-2

Giorgio Specchia

IL TEPPISTA

Trent'anni maledetti a Milano

Romanzo

Prefazione

VENDUTO MAI

Non mi sono mai venduto a nessuno, soprattutto a un giornalista. Però un libro, anzi un romanzo, sulla mia vita ci voleva. Perché? Prima di tutto perché sugli ultras ho letto sempre e solo cazzate, scritte da chi gli ultras non li conosce. Come se a me facessero commentare un concerto della Scala o scrivere un editoriale sul debito pubblico. Sulle curve, invece, sdottorano sempre quelli che non possono sapere niente di noi: sociologi, giornalisti, persino scrittori che scoprono il calcio solo dopo un episodio di cronaca nera. Tutta gente, quella lì, che vive su pianeti diversi dal mio e pretende di farmi la morale. Giorgio invece questa storia l'ha vissuta, ha fondato insieme a me e a tanti altri ragazzi un gruppo allo stadio e per parecchi anni abbiamo condiviso gioie e lutti. La gioia di sentirsi tra amici, senza invidie, ogni volta che ci incontravamo allo stadio e fuori. E la gioia di vivere a mille all'ora, di collaudare il nostro corpo giovane contro altri corpi giovani. Ma anche i lutti, troppi. Molti dei ragazzi che sono citati in questa storia non ci sono più, portati via da droga, incidenti stradali, malattie infami. Sempre sommersi, anche da morti, dalla merda che ci gettano addosso. Ma nella merda spesso ci sono caduti anche loro, i politici e gran parte della stampa. Comunque non mi sento superiore a loro, come invece si sentono quei tipi lì rispetto a noi. Oh, non prendetemi per presuntuoso o montato. La mia è una storia come tante altre. Tutti nella vita abbiamo qualcosa da scrivere su noi stessi. Tutti. Basta saperla raccontare, questa storia. E magari, come ha fatto Giorgio, romanzarla. Però alla fine mi ha convinto a dirgli di sì. Non ho voluto scriverla io, queste faticose righe di prefazione mi sembrano sufficienti. E nemmeno ho voluto che Giorgio scrivesse per conto mio o, peggio ancora, con me a dirgli cosa mettere o non mettere in queste pagine. Lui è l'autore e io sono il protagonista, i ruoli sono chiari. E' giusto che la gente capisca chi siamo veramente noi ultras, ma di sicuro questo non è uno dei mille libri sugli ultras. Anzi, il calcio e ciò che gli gira intorno sono solo una piccola parte di una storia che racconta tre decenni di Milano, di Italia e di ragazzi senza troppe prospettive. Gli Ottanta delle bande giovanili e della Milano da bere sono il decennio più interessante, ma anche i Novanta e gli Zero sono pieni di vicende mai davvero raccontate da chi le ha vissute. Chi è nato nella seconda metà dei Sessanta o nella prima dei Settanta potrà magari identificarsi in qualche personaggio, in un certo senso questo è un libro generazionale. Sappiate però che non tutti quelli della mia generazione sono come me. Io mi sono solo spinto un po' più in là. E, per questo, l'ho pagata con le dodici foglie d'edera tatuate sul mio braccio sinistro. Una per ogni anno di galera davvero scontato. Se non fossi andato in curva forse queste foglie sarebbero state di più... In questo libro ci sono una Milano e un'Italia lontane dai luoghi comuni, anche da quelli sulla criminalità. E proprio per questo poco conosciute, perché la gente non si rende conto di quanto ambienti all'apparenza lontanissimi siano in realtà collegati. La finanza, la politica, lo spettacolo, il calcio, la criminalità più o meno organizzata, la cultura, eccetera: un mondo parallelo che prende per il culo tutti voi, un mondo che per una serie di circostanze ha permesso a un ragazzo di strada come me di dare del tu a personaggi noti in tutto il pianeta. In carcere il tempo per leggere non mi è mancato e devo dire che mai ho trovato qualcosa di interessante sulle periferie e su realtà ai confini di tutto, dove sbagliare è più facile che fare la cosa giusta. Sempre ammesso che una cosa giusta esista. Di solito il giornalista o il sociologo della situazione alternano il loro moralismo a una sorta di passione per i dettagli più violenti e squallidi, senza nemmeno provare a capire che dietro a ogni persona c'è una vita. Magari senza speranze, ma pur sempre una vita. Non sono un critico letterario, come si sarà intuito, quindi non so come classificare questo libro a metà fra storia e romanzo. Forse non è tutto vero quello che leggerete nelle prossime pagine, trovo giusto lasciare il dubbio. Come non è vero, d'altronde, tutto quello che leggete sui giornali sulle pagine di cronaca. Sì, magari è vero che quel tale ha sparato a quell'altro, per la storiella basta copiare i comunicati della polizia. Più difficile è capire il perché, visto che la maggior parte delle disgrazie accade solo perché… accade. Tutto è assurdo e senza senso, chi ha vissuto senza protezioni se ne può rendere conto meglio degli altri. Il problema è che loro pensano di fare cronaca e anche di educare i lettori come se fossero bambini. Questo è bene, questo è male, quel tale è rispettabile, quell'altro no. Invece... Cazzate. Cazzate e solo cazzate. Per evitare equivoci concludo dicendo che non sono certo uno da imitare, anche perché a fare le spese di tante prodezze sono quasi sempre stati mia moglie e i miei figli. Sono partito da Quarto Oggiaro e arrivato non so dove, rischiando più volte di morire lungo il percorso. Non sono una vittima del sistema, non sono un eroe, non cerco approvazione ideologica. Però posso guardarmi allo specchio senza provare vergogna. Non è poco.

Nino Ciccarelli

Milano, ottobre 2011

1.

IL MONCLER DI EFREM

- Venga a riprendere suo figlio.
La solita telefonata del commissariato di Quarto Oggiaro, periferia di Milano, raggiunge la signora Anna in piena notte. Questa volta Nino è entrato in un concessionario Mercedes, ha acceso una macchina e si è divertito a giocare agli autoscontri. Nove auto distrutte, danni per decine di milioni di lire. Un guaio.
- Nino, perché l'hai fatto? Adesso chi li tira fuori tutti questi soldi?
- Non ti preoccupare, mamma, ci penso io. Questa estate andrò a lavorare in qualche bar. Vedrai che tra stipendi e mance ce la faremo.
E' il 1983, Nino ha quattordici anni. E' un ragazzino che non fuma e non beve alcolici. Nella sua scuola, anche se è in prima superiore, tutti lo rispettano, pure quelli delle quinte. Ma l'11 ottobre arriva San Firmino e i grandi non fanno sconti a nessuno. Soprattutto Efrem, il capobanda. E' il terrore delle ragazzine delle prime. Le spoglia, le sporca d'inchiostro. Anche sui denti. Prende per i capelli un compagno di classe di Nino e gli disegna sulle guance dei baffi di gatto. Il suo Grinta El Marko a inchiostro nero è una sciabola che umilia i primini. Nino, che quel giorno indossa un golfino nerazzurro, non sa di essere l'ultima vittima prima del suono della campanella. Efrem lo ferma.
- Ora tocca a te.

Vuole marchiarlo con la sua firma e impugna il pennarellone, ormai quasi scarico.
- Tira su la manica, primino. Devo farti il mio autografo.
- Ma stai scherzando? - risponde Nino.
Efrem gli agguanta il braccio e alza la manica del golf. E' un attimo. Nino, con l'altro braccio, prende Efrem per il collo e gli infila la testa sotto il torace. Uno, due, tre pugni in faccia.
- Lasciami andare, lasciami andare, sto soffocando.
Nulla da fare. La mani di Nino si sporcano di sangue e continuano a colpire il volto di Efrem, ormai svenuto. Quelli della classe Prima E si mettono intorno, fanno da schermo agli sguardi dei professori.
- Bastardi, adesso sono fatti vostri! - urla Barbara, la compagna di banco di Nino ridotta poco prima a enorme macchia d'inchiostro.
Nino molla la presa, sfila il pennarello dalle mani di Efrem e glielo infila tra i denti. Poi si fa largo tra i compagni e imbocca la scala che porta al secondo piano.
- Signor preside, che fa? Mi sospende anche questa volta o è legittima difesa?
Il preside tace, ma non rivedrà mai più Nino. Anche se, in quella scuola Nino ci entrerà ancora... La sua carriera di studente finisce qui. Una bocciatura alle elementari, un'altra in prima media con tanto di articoli sui giornali. Titolo obbligato: "Bocciato studente. Aveva due soli giorni di presenza in un anno".
Quella sera stessa, in piazza Prealpi, c'è l'appuntamento con gli amici. Un lungo rettilineo d'asfalto, circondato da prati spelacchiati, è il luogo più bello delle giornate di quei ragazzi. Ci sono gli amici e c'è un pallone, tutto ciò che serve per sentirsi un calciatore vero. Nino è veloce, scattante e ha un tiro formidabile.

Con lui in squadra si vince.
- Oggi puntiamo forte. Se vinco ancora io, mi siete debitori di un favore.
La partita inizia. Gianni, l'amico del cuore, gioca nell'altra squadra. Sa che Nino ha bisogno di qualcosa e, forse anche per questo, gioca a prenderle. Nino capisce. E anche lui non segna mai. Tutti sbagliano dei gol già fatti. Finisce zero a zero. Nino guarda Gianni e chiede agli altri di farsi da parte.
- Mi puoi seguire dietro quel cespuglio? Prendi la palla e stai attento a quella siringa...
Sono le nove di sera e c'è già buio.
- Gianni, domani mattina torno a scuola. Ho bisogno di soldi per aiutare la mamma. Devi accompagnarmi.
Notte e sveglia, alle sette in punto, con la colazione e il solito sguardo dalla finestra al piano zero di via Capuana 2. Ci sono le immancabili due macchine dei carabinieri. Aspettano che si completi l'appello, visto che in quel palazzo dimorano sei persone agli arresti domiciliari... Nino si scola la tazza di latte e saluta la mamma. E' il giorno del ritorno a scuola, senza cartella e accompagnato da Gianni.
- Ciao Nino, tutto bene?
- Sì Gianni, l'hai portata la lama? Andiamo.
E' passata una settimana da San Firmino e la vita, in quella scuola, è tornata normale. Le quinte al terzo piano, le prime al primo.
- Gianni, guarda quello stronzo di Efrem com'è ridotto. Che faccia nera... Hai visto? Lui e i suoi compagni sono vestiti all'ultima moda: Moncler e Timberland...
E' l'intervallo e nei corridoi della scuola c'è mezza Quinta A che fuma. Efrem spegne la sigaretta. Gli scappa la pipì e va al bagno, in fondo al corridoio. Si sbottona i pantaloni, apre la porta e...

- No, Nino.
La carotide di Efrem è punta dal coltello. Gianni, da dietro, gli tappa la bocca. Nino invece parla, a bassa voce e con occhi spiritati.
- Vai in classe e portaci il tuo Moncler e quello dei tuoi compagni. E fai anche alla svelta.
Alla sera quei giubbotti sono già venduti.
- Mamma, questi sono i soldi per l'avvocato. Hai visto, te li ho dati prima dell'estate.
Missione compiuta.
- Allora, tutto a posto - dice Nino a Gianni - e me ne sono anche avanzati. Sai che facciamo? Domenica ce ne andiamo allo stadio a vedere l'Inter.

2.

A ROMA CON IL LAMIERONE

Gli occhi dei due ragazzini si spalancano di fronte a San Siro, il gigante di cemento armato finora visto solo in tv. In realtà Nino e Gianni i soldi li hanno già spesi, ma l'idea di entrare per la prima volta nello stadio è diventata una sfida da vincere.
- Guarda Gianni, c'è un punto dove la cancellata è vicina alla rampa che porta ai popolari. Se mi fai la scaletta ci arrivo su facilmente, poi ti tiro io.
Nino e Gianni nell'arco di trenta secondi completano il piano. E scappano, verso l'alto. I carabinieri, dal basso, osservano la scena e li lasciano correre... Manca mezz'ora all'inizio della partita e lo stadio è già pieno. Il settore più colorato e vivace attira i due ragazzini. Ci sono tre striscioni: Boys, Ultras, Savage. Dietro quei lunghissimi tessuti nerazzurri attaccati alla balaustra è appesa una decina di tamburi: sembrano quasi dare il ritmo ai ragazzi che, pagina dopo pagina, distruggono le guide del telefono per farne dei coriandoli.
- Dai, dateci una mano anche voi due.
E si comincia. Una, due, tre domeniche. Sempre allo stesso posto, con le facce che presto diventano quelle degli amici della domenica. E poi anche del mercoledì, con le riunioni al Cium Cium, un bar in zona Città Studi. I più attivi del gruppo, tra una birra e l'altra, raccolgono i nominativi per la prossima trasferta. In genere si riempiono tre o quattro pullman, ma si può arrivare anche a

otto, dieci o addirittura dodici per Verona, Genova, Torino.
C'è però un viaggio che, per qualche anno, non viene nemmeno preso in considerazione. A Roma non si va. Perché la resa dei conti c'è già stata qualche anno prima a Milano: ventitre accoltellati, compreso il capo dei CUCS (Commando Ultrà Curva Sud) giallorossi. Nino, Gianni e i loro nuovi amici per la prima volta alzano la voce.
- Noi ci andiamo.
Giorgio gira per il bar con un blocchetto e raccoglie i nomi. Venti sono già scritti a penna da qualche settimana, se ne aggiungono altri cinque da Monza, altri cinque dei Boys e poi un'altra ventina. Fatto: cinquanta! Il pullman si può prenotare. 22 febbraio 1987: il lamierone parte, in piena notte, dalla Stazione Centrale. L'ultimo ad aggregarsi è Occhiolino, così chiamato a causa dello strabismo: uno che alla stazione ci vive. C'è un posto libero che avanza e il viaggio è offerto dalla Nord. Occhiolino ovviamente accetta, ma fa ritardare la partenza di qualche minuto perché deve prima risolvere una questione con un altro residente del luogo. Estrae dalla giacca un coltellaccio da sub e, nonostante abbia superato i quaranta da un pezzo, insegue a grandi falcate il rivale tra gli eterni cantieri del piazzale. Per avere un angolo di visuale da persona normale è costretto a correre con la testa spostata di quarantacinque gradi verso sinistra. Dopo qualche minuto, Occhiolino torna al pullman con il coltello sporco di sangue e lo getta in un tombino. Il viaggio verso Roma può finalmente iniziare. Le tappe sono scandite dagli autogrill. In uno di questi viene presa anche una bottiglia d'olio d'oliva extravergine, offerta ad Occhiolino come whisky.
- *Bbono 'sto uischio*.
Un gesto scellerato, visto che dopo un'ora il pullman puzza come

un letamaio. Altra furbata dei ragazzi: passare una canna all'autista, un simpatico milanesone sulla cinquantina che a un certo punto imbocca la terza corsia e urla.
- *Uè, me tira l'usèl!*
Il viaggio scorre via veloce con Fullegan che al microfono imita il tacchino e con la musica dei Timex Social Club: "How do rumors get started, They're started by the jealous people, And they get mad about somethin' they had...". Al casello di Roma c'è la polizia. Tutti in caserma. Tutti identificati e cinquanta coltelli sequestrati.
- Adesso - dice il commissario - vi accompagniamo noi allo stadio.
Il gruppo arriva all'Olimpico proprio all'inizio della partita con lo striscione tenuto su a mano, giusto per farsi vedere. Di là, quelli della Curva Sud capiscono... La Roma vince 1-0 con un gol del danese Klaus Berggreen. L'altro straniero dei giallorossi è il polacco Zibì Boniek. I due assi esteri dell'Inter sono l'argentino Daniel Passarella e il tedesco Karl Heinz Rummenigge, assente per infortunio a Roma e sostituito da Oliviero Garlini. I nerazzurri di Trapattoni escono dal campo a testa bassa. Nella bolgia non sentono nemmeno i cinquanta della Nord, la cui sfida con gli ultras romanisti inizia adesso. All'uscita il pullman viene distrutto, sassi ovunque. Tutti giù, per salvare le facce. Il gruppo è a mani nude, non ha coltelli ma nemmeno paura. Mentre una sassata fracassa l'ultimo finestrino rimasto intero, Nino e gli altri si guardano in faccia e scoppiano a ridere.
- Avete visto? Venire a Roma è stata una cazzata.

3.

DALLE TIMBERLAND AI DR. MARTENS

Nino, Gianni, Massimo, Giorgio, Walter, Diego, Corrado, Claudio, Alessandro, Pilone, Andrea, Fossa, Ermanno, Franco, Salvatore, Ermanno, Biuzzo, Pennellone, Cip e Ciop, Enzo. Gli amici della domenica, poi anche del mercoledì, stanno per diventare gli amici di tutta la settimana. Calcetto in piazza Prealpi, piadina da Lancetti, qualche storiella d'amore con le ragazzine del gruppo. E poi la colletta per lo striscione ordinato al capannone di via degli Umiliati, nella periferia di Milano, ma non ancora pagato. Lì si incontrano e si sfiorano tutti gli ultras del Nord Italia per bandiere, striscioni e sciarpe, ma non succede mai nulla. Neanche un'occhiata. Indifferenza. Non è quello il luogo per fare a botte. Lì si va per il materiale e basta. Lo striscione è pronto ed è bellissimo: Viking. Sfondo nero, scritta azzurra con il tricolore in mezzo. Per grandezza è almeno cinque volte il lenzuolo azzurro con il disegno dell'elmo vichingo che era stato fatto, in tutta fretta, quasi a voler urlare al mondo ultrà che era nato un nuovo gruppo.
Il gruppo allo stadio si posiziona vicino a quello degli Skins. La curva dell'Inter è la casa di alcune tendenze giovanili milanesi. Lo era stato anche con i paninari, negli anni Ottanta. Dai capelli lunghi a quelli cortissimi, dai Moncler ai bomber, dalle Timberland ai Dr. Martens. Già, i Dr. Martens. Sono importati in Italia da Bobo, ragazzo che ha un negozietto in via Torino e abita vicino alla stazione di Porta Genova. Zoppica, perché i milanisti

l'hanno buttato sotto un tram durante una delle loro feste scudetto. Per tirarlo fuori, i pompieri ci hanno messo un'oretta buona. La gamba gliela hanno salvata dopo un'operazione di sette ore e sette mesi di stampelle. Bobo beve birra a fiumi e, sotto l'effetto dell'alcol, diventa irascibile. Il palazzo di fronte a casa sua è più basso di qualche piano e su quel tetto sono finiti il televisore, la radio e il rasoio elettrico. A parte la passione per i lanci notturni di elettrodomestici, Bobo ha anche quella per la moda giovanile britannica. Inoltre parla benissimo l'inglese e ha il senso degli affari. Unico problema: quando beve saltano tutti gli schemi. E qualche volta saltano anche i voli Milano-Londra-Milano: i piloti, se lo vedono in quelle condizioni, non partono. Ma Bobo è un osso duro e, un giorno, non ci sta. Devono trascinarlo a forza giù dall'aereo e, prima di caricarlo sulla volante della polizia, fargli fare qualche decina di metri con il culo che striscia sull'asfalto della pista. Bobo, stilista della moda stradaiola, veste anche Paolo, mito dei Paninari e poi leader degli Skins. La zona delle Colonne di San Lorenzo è la sua zona. Ci sono anche i ragazzi dei centri sociali, i dark, i punk e altre realtà giovanili della città. Convivono, senza pestarsi i piedi. Ma tutti sanno che con Paolo, Nino e quelli dello stadio è meglio girare al largo. A parte qualche sprovveduto. Sì, perché un giorno Gianni (occhiali grandi come televisori e orecchie a sventola) e Giorgio, mentre stanno vendendo le sciarpe dei Viking alla Fiera di Sinigallia per tirar su qualche soldo, vengono avvicinati da tre punk.
- Che cazzo sono queste sciarpe?
- Quelle dei Viking - risponde Gianni.
I tre entrano nel bar e poi escono *filtrati*. Quello con la cresta più alta si riavvicina a Gianni.
- Tu e le tue sciarpe del cazzo. Vattene, se no ti tiro una sberla.

Sull'altro marciapiede di via Santa Croce, quasi all'angolo con Molino delle Armi, quattro casalinghe con le borse della spesa osservano la scena. Una bisbiglia.
- *Quel brao ragasso con gli ugiai perché nun ciama la pulisia?*
Il bravo ragazzo si alza, con gli occhiali appannati, e centra il punk con uno schiaffo talmente forte da fargli partire come un proiettile l'orecchino infilato nel lobo opposto. Si leva alto un suono, come se uno stesse picchiando a tutta forza su un tamburo. Così intenso da far voltare insieme quelle quattro casalinghe verso la scena della rissa.
- *Altro che brao ragasso...*
Neanche il tempo di reagire, che dalla strada spuntano Nino e gli altri. Uno prende il braccio del punk, glielo torce dietro la schiena. L'altro estrae una forbice e taglia la cresta, lasciandola lì sul marciapiede. Un monito.
La fine del patto di non belligeranza, con la conseguente rottura tra gruppi, avverrà tre anni più tardi, nella primavera del 1990. Un sabato. Il solito sabato della Fiera: bancarelle con dischi da 33 e 45 giri in vinile a prezzi eccezionali, un gruppo di napoletani che con il gioco delle tre carte rubacchia cinquantamila lire a chi si avventura a sfidarli, cianfrusaglie di ogni genere e intenso odore di cannabis per le strade. Paolo arriva in perfetto orario all'appuntamento con gli amici. E' solo, gli altri sono tutti in ritardo. Forse stanno leggendo i giornali, pieni di pagine sulle imprese da stadio degli Skins. Se ne parla e scrive così tanto che, ormai, fanno invidia alle altre realtà giovanili milanesi. E così il popolo della sinistra estrema deve necessariamente unirsi per arginare il fenomeno. Raggiungono Paolo, lo circondano, lo minacciano, ma non lo sfiorano. Sanno che o lo ammazzano o per loro è finita. Paolo non è tipo che scende a compromessi.

- Questa zona - urla in faccia al gruppo che lo circonda - non la molliamo. E' nostra. Quel bar è nostro. Quel marciapiede è nostro. Io da qui non me ne vado...
Si arriva così alla resa dei conti e alla fine della storia della Fiera di Sinigallia come punto di ritrovo dei ragazzi non allineati. Si pianifica lo scontro già mercoledì, quando la Nord si raduna nei pressi delle Colonne di San Lorenzo. Là vicino c'è un palazzo occupato. Nessuno ci ha mai fatto irruzione. Ma, quella sera, Nino e gli altri decidono di entrare dal portone fatiscente. Ci trovano dentro alcuni ragazzi mezzi sconvolti. L'avvertimento è chiaro.
- Dite ai vostri amici che sabato in Fiera noi ci saremo tutti. Aspettateci lì. Tranquilli, questa sera non vi facciamo niente. Siete pochi e impauriti. Allora, a sabato. E avvisate tutti...
Uno dei ragazzi della casa occupata si mette a ridere. Nino lo fulmina con lo sguardo.
- Che cazzo ti ridi?
- No - risponde - non ce l'avevo con te. E poi anche io sono italiano.
E' aprile: piove, fa freddo. C'è un clima surreale, di tensione. Sabato arriva in fretta. Paolo e gli altri hanno fissato il luogo dell'appuntamento. E' in piazza Mercanti nel primo pomeriggio, proprio dove passa la Stramilano agonistica. Il keniano Moses Tanui viaggia a ritmi da miglior prestazione mondiale della mezza maratona e in quel punto del tracciato c'è il tutto esaurito. Nessuno però si fila la prodezza del keniano. Sono lì, tutti, in attesa che arrivi un furgoncino carico di bastoni. Alle spalle del McDonald's di piazza Duomo spunta un Ducato bianco. Ci sono spranghe per tutti. E, mentre la Stramilano sta per concludersi, quel tratto di strada improvvisamente si svuota. Due lunghe file di ragazzi, una su un marciapiede, una sull'altro, si dirigono verso le Colonne. Via Tori-

no si percorre in un amen. Si gira l'angolo: cattivi e incazzati.
- Dai, adesso gli facciamo vedere chi comanda qui.
Unico problema: non c'è nessuno. La Fiera è insolitamente vuota. Gli altri sono latitanti. Ma, dal sabato successivo, non latiterà più la polizia. L'area, in pratica, diventa off-limits per tutti.
Torniamo all'estate del 1987 che, intanto, passa in fretta. Si va sull'Adda a fare il bagno e la sera si esce a bere una birra.
- Dove andiamo a fare le vacanze? dice Nino.
- In Calabria - risponde Andrea.
E Nino capisce come funzionano le cose da quelle parti quando vede quattro signori dormire a turno, due alla volta, su un balcone al primo piano che dà sulla strada, proprio sopra la vetrina di un bar. Insieme ai cuscini, ci sono anche due fucili a canne mozze. E il giorno dopo, ovviamente, Nino va a far colazione in quel locale di proprietà dei signori del balcone.
- Buongiorno, cappuccio e brioche. Ma non sparatemi.
- Tranquillo forestiero. Stiamo solo aspettando quei vigliacchi che ci hanno chiesto il pizzo e hanno minacciato di incendiarci il bar.
- Se volete - risponde Nino - mi aggiungo a voi. A me dormire all'aperto piace...
- No ragazzo, torna a Milano e... Forza Inter!
Già, Milano. Non si dormirà sui balconi, ma i problemi non mancano. I ragazzi che si bucano - ricchi e poveri, interisti e milanisti, fascisti e comunisti - non possono sapere che una sola siringa può ammazzare cinque di loro. Nel gruppo qualcuno si perde e altri la pagheranno più avanti, anche anni dopo aver smesso.

4.

PUGNI E CALIFANO

Nino con la droga non ha nulla a che fare. Il suo sballo è lo stadio. E, per chi è malato di stadio, la trasferta di Como è uno degli appuntamenti da non perdere. Vuoi per la vicinanza, vuoi per l'antipatia reciproca tra le tifoserie. 20 settembre 1987: il viaggio in quel di Como è atteso da tutto il gruppo anche perché apre la stagione degli Skins che, infatti, ci arrivano con un treno a parte, separati dal resto della curva. Tra loro c'è Nino con qualche vichingo. Avanzano in corteo, senza magliette e con le bretelle che tengono su i jeans. Scoppiano petardi. Si spingono fin sotto la curva nemica. La polizia li respinge. Ma è dopo la partita che si scatena l'inferno. Il gruppo stavolta riesce a sfuggire al controllo delle forze dell'ordine e si ritrova nel centro della città. C'è un Burghy, punto di ritrovo dei comaschi. Per qualche minuto è un macello. Cinghiate a tutti. Nino è lì davanti. I corpi si lacerano, gli schizzi di sangue vanno in alto fino a raggiungere i cartelli dei menu. Poi uno urla.

- Arriva la polizia. Via, scappiamo. Gliene abbiamo già date abbastanza a questi stronzi.

Il gruppo esce e imbocca una via. Altri prendono un'altra direzione. La strada è chiusa, non ci sono più possibilità di fuga. I cellulari della polizia bloccano la strada. Nino si ritrova con le manette ai polsi, insieme ad altri. Per qualche settimana è ancora minorenne e, solo per questo, non sbatte la faccia contro la

dura realtà del carcere. Tutti hanno visto quanto mena il ragazzo di Quarto Oggiaro. La rissa sul lago fa addirittura terminare le scorte di fili da sutura del pronto soccorso.
- È quasi una dote naturale - spiega Nino a Giampiero mentre esce dal carcere minorile - bisogna saper restare lucidi anche quando fai a pugni. Ecco il segreto. È capitato a tutti, magari anche solo da bambino, di fare a botte. E mi rispondete tutti la stessa cosa. Vi si annebbia la vista. Non capite più nulla. Ecco perché le prendete.
La casanza, ovvero la detenzione, dura pochi giorni. In una rissa così estesa è impossibile trovare un solo colpevole. E così Nino se ne può tornare a casa, in via Capuana.
Il gruppo dello stadio è variegato, ma forte e compatto. L'Inter è l'ideale che unisce i ragazzi: tutti per uno, uno per tutti. Chi non rispetta questa regola, quando ci si mena con gli altri, è messo fuori. In una realtà dove l'etichetta di coniglio non piace a nessuno, per tenersi allenati alcuni vanno a fare a pugni in palestra mentre altri lo fanno per strada. Alla Doria si allena pure Paolo, ottima scherma ma poche vittorie sul ring. Avesse avuto un pizzico in più di cattiveria (sul ring) sarebbe stato un superdilettante. Paolo trascina alla boxe molti amici. Il più bravo di tutti è un ragazzino, Giacobbe Fragomeni, che cresce tra mille difficoltà sentendo parlare più volte di Paolo. Giacobbe diventerà campione del mondo, Paolo non andrà oltre qualche vittoria sui ring bergamaschi, bresciani e cremonesi. Eppure per strada non ci sarebbe stato match... Anche Nino per qualche tempo frequenta la Doria. Poche sedute, poi si stufa. A lui piacciono le botte senza guanti e senza regole. Guarda gli allenamenti di Kamel Bou Ali, un fenomenale pugile tunisino, ma proprio non riesce ad appassionarsi a quella scherma fatta di posizioni

studiate allo specchio e di ore e ore di sacrifici. Preferisce gli allenamenti dietro i distributori di benzina abbandonati come quando, facendo autostop con Giorgio e Alessandro per tornare a Milano dopo una serata passata a Varese, si imbatte in un automobilista distratto che li sfiora con la macchina.
- Ma vaffanculo! Stai attento!
Luci bianche, retromarcia.
- Vaffanculo tu. Dici così perché siete in tre.
- No, sono da solo. Vieni là dietro che la sistemiamo. I miei amici non faranno niente.
L'automobilista, un bestione sul metro e novanta, sferra subito un pugno. Nino lo evita e, come ha fatto qualche anno prima con Efrem, si mette la testa dell'avversario tra il braccio sinistro, la stringe in una morsa e inizia la mattanza.
- Basta, così lo ammazzi.
Gli amici intervengono sì, ma per salvare quel pirlone. Che dopo trenta minuti torna accompagnato da una volante della polizia.
- Mi hanno picchiato in tre...
Una tale testa di cazzo da non convincere nemmeno i poliziotti che, bontà loro, chiudono un occhio.
Il gruppo cresce, ormai è una realtà cittadina. La curva attrae, ha un fascino magnetico: bandieroni, fumogeni, palloncini, carta igienica. E anche qualche ospite illustre. Il Nino ragazzino, che scavalcava i cancelli, per esempio non potrà mai dimenticare quell'Inter-Napoli giocata sotto il diluvio. A un certo punto, sbuca dalla rampa Marco con il megafono. Al suo fianco c'è un uomo nascosto sotto un giubbotto per proteggersi dalla grandine. Raggiunta la balaustra, si arriva alla presentazione.
- Ragazzi - urla Marco - c'è qui uno di noi. Ha avuto dei proble-

mi. Ma ora è qui, grande!
Dal giubbotto sbucano degli enormi Ray Ban. Sotto le lenti blu c'è Franco Califano, bagnato come un pulcino. Sì, il Califfo. Quello di "Noia, maledetta Noia". Un romano, ma interista vero. E tutti, in coro...
- Franco, Franco, Franco!
La giornata non finisce qui. All'uscita dello stadio, i ragazzi della Nord si imbattono in un napoletano doc. Le due tifoserie non si amano, ma l'ospite viene portato in trionfo. Da una Ferrari rossa, che passa tranquillamente sotto la Nord, esce Patrizio Oliva!
- Ragazzi - si raccomanda il pugile - fate i bravi.
Il campione alza le braccia e si consegna all'entusiasmo degli interisti. Nino lo sorregge insieme ad altre decine di braccia. Chissenefrega se tiene al Napoli. Oliva è Oliva: non si tocca.
Intanto anche quello striscione Made in via degli Umiliati - così alto da dover essere accorciato per permettere agli spettatori dei distinti di vedere la partita - ormai lo conoscono tutti. Anche i politici che, quando è tempo di elezioni, salgono ai popolari e si mischiano alla parte calda del tifo. Comparsate per raccogliere voti. Immancabile la visita di Ignazio La Russa che, per lo meno, è davvero interista. Ma i più insistenti sono i socialdemocratici. Uno arriva addirittura a organizzare una festa in una discoteca del centro per i ragazzi della curva. Ovviamente tutto gratis e ovviamente a una decina di giorni dalle elezioni comunali. Quel candidato prenderà pochi voti e non verrà eletto. Nonostante la connotazione di destra, i ragazzi della Nord rifiutano qualsiasi legame con i potenti del palazzo. I nemici sono i politici e, soprattutto, i giornalisti. L'appellativo di "Animali", preso dall'Inghilterra, per definire il mondo delle curve non piace ovviamente a chi le curve le frequenta e le vive. La risposta

della Nord è sintetizzata da uno striscione esposto prima di ogni partita: "Meglio animali che giornalisti". E c'è un coro che accomuna tutte le tifoserie: "Stampa italiana, figli di puttana". E più scrivi male di una curva, più questa si popola di ragazzi accomunati da una bandiera e dal disprezzo nei confronti di quelli che considerano scribacchini prezzolati. Proprio per questo sono fieri di essere lì. In uno stadio, sotto la pioggia.

5.

DELIRIO AD ASCOLI

Nino, Paolo e il vecchio gruppo dei Boys, insieme, formano una batteria formidabile. Unita, di amici. Si parte per Ascoli e la vita di Nino sta per cambiare. 9 ottobre 1988. Inizia il campionato con una storia da prima pagina, da apertura di telegiornale. I lamieroni questa volta sono due e contengono tutto il meglio della Nord. Ogni ragazzo è uno di quelli che conta nella propria scuola, nella propria zona, nel proprio pezzo di marciapiede cittadino. Nino e i suoi amici si posizionano in fondo a uno dei due pullman. Gianni, Giorgio, Alessandro, Claudio, Massimo. L'effetto corriera funziona anche con gli ultras. Non si canta ovviamente "Quel mazzolin di fiori", ma "Oioioi, oioioioi Andy Brehme segna per noi". Oppure: "Blue Black Boomalek". E si cerca di coniare una nuova canzone per la curva. Viene fuori questo coro, con cadenza stile alpin-montanaro: "Tutti mi chiaman teppista (oiliolà). Teppista io non sono (oiliolà). Faccio soltanto il tifo (oiliolà). Il tifo in Curva Nord (oiliolà). E quando vado in trasferta (oiliolà). Mi porto il mio bastone (oiliolà). E con il casco in testa (oiliolà). Paura non avrò". Uno schifo, è vero. Ma sempre meglio di un improponibile: "Quando l'Inter in campo scenderà, noi saremo sempre qua, non ti lasceremo mai. Soli! Insieme a te" proposto (senza successo) da Franco qualche anno prima durante una partita a San Siro. Giorgio sceglie il sonno, per sottrarsi al supplizio di trovare rime da canzonette.

E dorme sdraiato, nel corridoio del pullman. A un certo punto avverte un forte mal di testa e chiede a Gianni di risolvergli il problema: in un episodio della Famiglia Addams ha visto che lo Zio Fester sblocca l'emicrania mettendo la testa in una morsa. Gianni, che ha le mani forti (come ben sa il punk), prende quella di Giorgio e comincia a stringerla tra indice, medio, pollice, anulare e mignolo.
- Basta, basta! Così mi ammazzi.
La cura ha però effetto e, come succede a Fester, il trattamento funziona. Via il mal di testa, il viaggio verso Ascoli continua. Al mattino i centoventi ragazzi della Nord sono già in città. Polizia zero e via libera: si va allo stadio con cinque ore di anticipo. Colazione in un baretto, poi si passa davanti a un campetto di calcio a poche centinaia di metri dal Del Duca. Tutti dentro, a vedere come giocano. E poi tutti fuori. A fare a cazzotti con quei motorini parcheggiati... Fatti a pezzi, distrutti a pugni e calci come se si trattasse del peggior nemico mai incontrato nella vita. Già, i motorini. Quanti ne passano di fianco al gruppo della Nord. Cinque, dieci alla volta. Ovviamente guidati dai curvaioli dell'Ascoli. Che incazzatura non poterli prendere, fermarli e fare a pezzi! Nino e gli altri li vedono passare, li inseguono, ma quelli scappano via. Imprendibili, inafferrabili. La rabbia cresce. E si va dentro lo stadio carichi. Sono mazzate per tutta la partita con i poliziotti, messi ai margini della curva. E' una giornata strana, succedono cose incredibili. Centrare un materasso del salto in alto da una curva dello stadio non è impresa facile, come fare un canestro da venti metri. Ebbene, quando le squadre entrano in campo, un fumogeno parte dalla curva degli interisti e finisce la sua corsa proprio sul materasso, che prende fuoco. Si alzano le fiamme davanti allo striscione da trasferta dei Viking e il fuo-

co scalda ancora di più l'ambiente. Fino a quando nel secondo tempo, chissà per quale motivo, i poliziotti decidono di caricare. Nino non capisce, ma ci sbatte contro. Tira un pugno secco a un agente. Il casco si stacca dalla testa e la carica finisce qui. Polizia al suo posto, ultras nerazzurri al loro, divisi da una lingua di gradoni vuota, a far da cuscinetto. Fine della partita, fine dello spettacolo. Ascoli è uno stadio infame, alle spalle della curva degli ospiti c'è una sorta di collinetta e per tornare ai pullman è obbligatorio passare sotto la curva del Settembre Bianconero. La polizia a fine partita sparisce. Ne restano quattro, cinque. Impauriti. La Nord esce dallo stadio e si incammina in un percorso obbligato fino ad arrivare lì, nel piazzale della curva nemica. Neanche il tempo di rendersene conto che, dall'alto dello stadio, piovono sugli interisti dei blocchi di ghiaccio grossi come mattoni. Forse gli ascolani hanno rotto un frigorifero dei gelati. Chissà. Ma lo scontro, ormai, è inevitabile. Curva contro curva. Da soli, o meglio con quattro-cinque carabinieri a far da spettatori.

- Fermi! - urla uno della Nord -. Partiamo tutti insieme. Via! Spacchiamoli, questi bastardi.

Per due-tre minuti è una rissa colossale. Nino e il suo gruppo si spingono fin sotto la curva. Tra gli ascolani c'è un ragazzotto, giubbotto nero, che salta alla Bruce Lee. In realtà è solo un'imitazione goffa. Quelli del Settembre Bianconero scappano per i campi. Non c'è partita tra un gruppo cresciuto sui marciapiedi di Milano e un altro cresciuto su quelli della cittadina marchigiana. E' la legge del più forte, è la selezione darwiniana del tifo. E così, quando i carabinieri tornano in forze e rimettono ordine, lo scontro è già terminato. La strada verso i pullman è di nuovo libera ma, mentre il gruppo percorre il ponte che li porta fuori

dalla zona stadio, ci si ferma di nuovo. A terra, senza sensi, c'è un ragazzo con la testa fracassata.
- Chi è, uno di noi?
- Non mi sembra.
- Dai, prendiamolo su e appoggiamolo alla ringhiera, c'è un'ambulanza che sta per arrivare.
- Cazzo, come è ridotto.
Nessuno lo aveva visto nella rissa: il ponte era troppo distante dalla curva ascolana. I ragazzi proseguono il loro cammino. C'è gente che tira i vasi di fiori dalle finestre e, ogni tanto, spunta dalle stradine uno sciame di motorini. Sono botte, botte e ancora botte. Sempre e comunque. Si arriva su una piazza e uno stormo di uccelli spicca il volo, vanno verso il cielo forse impauriti dalla violenza che si è impadronita delle strade. Le rondini vengono scambiate per pietre.
- Occhio - urla qualcuno - ci tirano i sassi!
È la sintesi di una giornata nera, cupa, violenta. E che non finisce mai. Perché quando i lamieroni possono finalmente partire, non appena imboccata l'autostrada subiscono un'autentica lapidazione da parte degli ascolani. Un macigno sfonda un vetro del secondo pullman e colpisce al volto il Barba, uno dei vecchi che erano andati a Roma. Il gruppo diventa preda di un delirio di onnipotenza.
- Bastardi, adesso vi spacchiamo.
E tutto ciò che è Ascoli viene associato a un nemico. C'è chi si toglie la cinghia dei pantaloni e inizia e colpire le moto che passano a cento orari. Alcuni automobilisti, in preda al panico, fanno inversione a u per non passare in mezzo a quel gruppo di pazzi atterrato da non so quale pianeta per far casino. E quando arriva una volante, entrano dentro in sei per picchiarsi con i po-

liziotti. Giorgio sale sull'ambulanza che accompagna il Barba all'ospedale.
- Ragazzi, non preoccupatevi di me. Voi andate, in qualche modo tornerò a Milano.
Pochi chilometri dopo, la trasferta maledetta riserva un'altra sorpresa. Uno dei pullman fonde il motore e così si prosegue per Milano in 118 su un solo mezzo. Gli altri due, il Barba e Giorgio, sono all'ospedale. Il Barba nel suo letto di dolore, Giorgio in attesa di notizie. E la notizia arriva.
- Via, via! E' entrato in coma!
Non si tratta del Barba. Da una stanza esce un lettino spinto da quattro infermieri. C'è una signora lì accanto, che piange.
- È mio figlio, oggi era allo stadio.
È il ragazzo del ponte e Giorgio non lo sa. Morirà. Il Barba, con un occhio tumefatto, viene invece trattenuto in osservazione. Non è messo bene, ma l'occhio è salvo. Giorgio può tornare a Milano in autostop. Trova dei tifosi interisti diretti in macchina a Bologna e, mentre inizia il viaggio, la radio parla di "violenti scontri ad Ascoli con un tifoso in fin di vita". Giorgio ricollega gli episodi e capisce che quel tifoso non può che essere il ragazzo del ponte, lo stesso intravisto all'ospedale.

6.

ASSASSINI, ANZI NO

Nell'arco di una settimana scattano gli arresti. Nino, Marcello, Massimo, Davide, Mauro sono accusati di omicidio. Finiscono a Montacuto, il carcere di Ancona. I giornali scrivono di banda, di associazione a delinquere, di assassini. Il mostro da sbattere in prima pagina è Marcello, tatuatissimo e con il fisico da peso massimo. Ma come peso massimo è un disastro. Debutta da dilettante su un ring della Valtellina contro un vecchio marpione con cento e più incontri alle spalle. Marcello, sul risultato di quell'unico incontro della sua carriera, non ha dubbi.

- Ho perso ai punti.

In realtà i punti glieli hanno messi in faccia dopo il pugno che gli ha acceso le lampadine e gli ha stroncato la carriera di pugile al quinto secondo del primo round. Nino invece è il caso sociologico da trattare sui giornali. Lui, volontario della Croce Rossa, che si trasforma in assassino la domenica. Come è possibile? Da dove arriva il disagio sociale di questi giovani? E via con altre domande sul cosa siamo, dove andiamo, eccetera. Non c'è nulla da studiare, niente da capire. Nino e Claudio, malati di stadio, semplicemente impiegano parte del loro tempo libero nel volontariato. Un giorno sono chiamati per un intervento urgente nella periferia milanese: una ragazza si è buttata dal quinto piano e c'è da recuperare il suo corpo senza vita. Arrivati sul posto del suicidio, Nino e Claudio sbiancano. Quella ragazza

è spezzata in due: nel volo verso la morte il suo corpo è finito contro un parapetto affilato come una lama. Una parte è restata lì, l'altra è caduta sul marciapiede.
- Claudio, vado io a recuperare il resto.
Nino è scosso, ha i brividi. Vede un'enorme chiazza di sangue alimentata continuamente dalla materia rossa che ancora esce da quel fisico mutilato: lo avvolge in un lenzuolo poi accarezza i capelli biondi della ragazza e scoppia a piangere. E' Barbara, la sua compagna di banco, quella che lui aveva vendicato il giorno di San Firmino.
- Signora, sono Nino. Si ricorda di me?
La madre di Barbara fa un cenno col capo e stringe in un ultimo abbraccio il lenzuolo, diventato rosso porpora.
- È stata la droga a ucciderla. Adesso fammi salire con te sull'ambulanza. Voglio stare ancora per un po' vicino a mia figlia.
Nino, il ragazzo della Croce Rossa, viene prelevato da diverse pattuglie della polizia dalla sua abitazione di via Capuana. Sono le cinque del mattino e le volanti illuminano di blu quel tratto di strada. Ma è troppo presto per l'appello di chi è ai domiciliari. La gente, dai balconi, vede uscire il ragazzo in manette. Arrestato.
- Dimmi chi è stato.
Questa è la domanda che Nino si sentirà ripetere per ore e ore. E al commissariato arrivano anche gli altri: Marcello, Davide, Mauro e Massimo. A tutti viene fatta la stessa domanda, ma la risposta è la medesima.
- Non lo so.
In realtà chi dice di aver visto tutto è Gabriele, uno dei vecchi. Un informatore disinformato, accecato dalla gelosia verso Mauro che è bello, sveglio e piace alle ragazze. Per i giornali il caso finisce qui. Il commando è in cella e le famiglie possono

tornare allo stadio felici. Ma il gruppo viene ricompattato da questa brutta storia, sa che quei cinque ragazzi sono innocenti e non li lascia soli. Allo stadio spunta un enorme striscione: "Una sola speranza. Che il fango gettato su di voi ricada su coloro che l'hanno gettato: Mauro, Marcello, Nino, Davide e Massimo siete innocenti e lo dimostreremo. La Nord è con voi". Il giorno dopo l'arresto di Nino, Giorgio prende l'autobus da piazza Castello e inizia il lungo viaggio verso Quarto Oggiaro. Lui, studente universitario, è quasi ansioso di confrontare la teoria studiata sui libri di diritto penale con la pratica. Un innocente in galera, accusato di omicidio. Impossibile, non può finire così.
- Ecco, via Capuana. Ci siamo. Citofono.
Pochi scalini e si apre la porta.
- Buongiorno signora. Sono Giorgio, ci siamo sentiti centinaia di volte al telefono, ma è la prima volta che mi vede. Le voglio solo dire due cose: suo figlio non c'entra nulla con la morte di quel ragazzo e troverò i testimoni.
Al Cium Cium, nella consueta riunione dello stadio, ci sono tutti quelli che cantavano sui lamieroni diretti ad Ascoli. Dicono le stesse cose, che gli arrestati non c'entrano niente.
- Allora - urla Giorgio - diciamo la verità anche al giudice istruttore. Dai, fuori i nomi che li porto all'avvocato di Nino.
E anche per gli altri indagati si fa lo stesso. Il giorno dopo, altro viaggio in autobus verso via Capuana.
- Eccomi signora. Questi sono i cinque testimoni per suo figlio con le fotocopie delle carte d'identità. Li dia subito all'avvocato.
Sono comunque giornate difficili per i ragazzi. Giorgio riceve a casa continue telefonate dalla questura. Lo vogliono interrogare, poi lasciano perdere. Claudio è ossessionato dalla paura

di finire in galera come i suoi amici. Passa a prendere Giorgio per andare insieme a mangiare una piadina e guarda con insistenza lo specchietto retrovisore della sua Uno. Si sente seguito, braccato, anche da un'innocua Ape Piaggio di un venditore di fiori. Qualsiasi mezzo gli stia in scia per più di dieci metri è, per Claudio, una potenziale minaccia.
- Saranno quelli della Digos.
E chiede a Giorgio.
- Chissà cosa vuol dire Digos? Boh. Forse: Dipartimento Investigativo Gendarmi Oltreché Stronzi.
In quei freddi e bui giorni autunnali si continua a pensare allo stadio, alle trasferte, ma soprattutto a Nino e agli altri ragazzi rinchiusi nelle celle della casa circondariale di Montacuto. Giorgio scrive a Nino lettere chilometriche, con un'improbabile penna a inchiostro verde. Gli racconta delle sue vicissitudini amorose con Marina, una ragazza che con lui non c'entra nulla. Diverse visioni del mondo, dell'amicizia, dell'amore. Nino sorride. Quelle missive gli piacciono, quasi si appassiona alle assurde storie dell'amico in libertà, ma prigioniero di una storia impossibile. L'unica altra attività che rende meno tristi le giornate di Nino in carcere è rappresentata da qualche minuto a biliardino con Marcello. Tutto tranquillo, finché un giorno un detenuto maghrebino incrocia con insistenza il suo sguardo. Chissà perché, vuole giocarci contro. Sfida raccolta.
- Prego, accomodati.
Il polso di Nino fa partire dagli omini blu delle saette imprendibili per il portiere rosso della squadra di Abdul. Che a un certo punto, dopo aver raccolto nella propria rete l'ennesima palla, perde le staffe.
- Mi hai rotto il cazzo, sbarbato di merda. Adesso te la faccio

mangiare.
- Sangue freddo - pensa subito Nino - questo non scherza.
Nino vince per k.o. e si guadagna il rispetto degli altri. La casanza trascorre tranquilla e nessuno gli romperà più le palle. E poi c'è la tv, il calcio. Proprio dalla televisione, Nino capisce che il suo gruppo non lo ha lasciato solo. Durante la diretta Rai di Bayern Monaco-Inter, le telecamere seguono Serena che ha appena segnato lo 0-1. Aldone corre sotto la curva e calpesta lo striscione Viking adagiato sulla neve che copre la pista di atletica dello stadio di Monaco. Poi un raccattapalle quasi inciampa su un altro striscione, proprio di fianco a quello dei Viking. C'è scritto NINO LIBERO.
- Marcello, guarda!
Messaggio profetico. La libertà arriva alla vigilia di Natale: Nino e gli altri vengono scarcerati. In via Capuana 2 gli amici lo aspettano con un lungo striscione firmato da tutti. Il giorno dopo Giorgio, William, Andrea, Ivan e il Rosso devono andare al tribunale di Ancona a deporre la loro testimonianza. Si concedono una serata a tutta birra sui Navigli milanesi, proprio come le compagnie tradizionali. Entrano alle Fontanelle e bevono birre da un litro insieme ad altri amici, i testimoni di Marcello. Una, due, tre... Poi, belli carburati, si mettono in viaggio. Una macchina per Nino, una per Marcello. Destinazione: tribunale di Ancona. L'etilometro è ancora un oggetto sconosciuto. Giorgio siede davanti, guida William. È fuso, ma non vuole fermarsi, altrimenti ad Ancona non ci arrivano più. William e Giorgio scherzano. Ivan è il loro bersaglio preferito.
- Giorgio - dice William - ti ricordi quando ho sollevato lo stadio e ho dovuto scrollarlo per far uscire i comaschi?
Una chiara frecciata a Ivan, a cui piace mitizzare le sue gesta da

stadio. A metà viaggio, William all'improvviso tace.
- Forse - pensa Giorgio - non ha più voglia di scherzare.
Nulla di tutto questo. La Golf scarta all'improvviso verso il guard-rail. È un attimo. William ha la testa sul manubrio, è preda di un colpo di sonno maledetto. Giorgio capisce. Riesce ad afferrare il volante con una mano e a tirare contemporaneamente una gomitata nello stomaco di William: salvi per miracolo. Si arriva ad Ancona. Il giudice istruttore ascolta i testimoni e fa registrare le loro dichiarazioni. Caso chiuso. Il processo non si celebrerà mai. Ma il conto pagato alla sete di giustizialismo è senza prezzo. Una vita spezzata, per sempre, altre compromesse. Come quella di Nino, catapultato al di là della barricata tra i delinquenti.
Intanto per qualche settimana l'abitazione della signora Anna diventa il luogo di ritrovo dei ragazzi della Nord. Nino per qualche tempo diventa uno dell'appello mattutino delle forze dell'ordine. È libero sì, ma agli arresti domiciliari. Un ragazzino che abita nello stesso palazzo passa tutte la giornate a casa di Nino. Viene simpaticamente soprannominato "il maggiordomo".
Oltre a Quarto Oggiaro, c'è un altro posto di ritrovo, decisamente più centrale. È il muretto dietro piazza San Babila. Da lì si parte per andare insieme allo stadio. Alla sera, invece, il locale più frequentato è l'Oktoberfest delle Colonne di San Lorenzo. Qui si preparano le trasferte e le spedizioni notturne alla Stazione Centrale a caccia delle torce. Se ne rubano a centinaia, sui treni. E poi si accendono allo stadio. Nelle partite notturne, quando ci sono le coppe, la curva diventa un inferno di fiamme e fumo. Ma questi non sono gli anni delle coreografie. Sono gli anni degli scontri, della violenza da stadio. Con un'unica regola:

valgono solo gli scontri con gli ultras. Guai toccare gli altri. Una delle trasferte più attese è a Bergamo. Tra interisti e atalantini c'è un odio atavico. Gli atalantini accusano gli interisti di aver portato le lame negli stadi. Gli interisti accusano gli atalantini di prendersela con le "persone normali", quelle che con gli estremismi delle curve non c'entrano nulla. Pur di scontrarsi con i bergamaschi, decine di ragazzi si rinchiudono nei cessi dello stadio. Fanno uscire la massa, che puntualmente viene presa in consegna dalla polizia per la scorta fino alla stazione ferroviaria. Poi escono loro, gli ultras, con la strada libera. Gli atalantini sono in quelle strade, a gruppi, a caccia di qualche interista da scuoiare. Un gruppo qua, uno là. Come in un labirinto, senza sapere se prima o poi si incontreranno. E se c'è, l'incontro diventa subito scontro. Un corsa selvaggia contro il nemico, che poi è come te. Ma nelle logiche ultrà funziona così. Uno dell'Atalanta resta a terra, ha la pancia aperta da una coltellata. Come ad Ascoli, si scatena la violenza. Il bersaglio può anche diventare un vigile urbano. Gli strappano il cappello, incazzati come un automobilista dopo una multa. La polizia interviene in assetto antisommossa e sono ancora botte. I blindati delle forze dell'ordine arrivano uno dopo l'altro, il gruppo della Nord resta sempre quello. Poi diminuisce, si assottiglia. C'è chi, addirittura, per uscire dal terreno di scontro, prende sottobraccio una vecchietta che passa da quelle parti fingendosi badante, figlio, nipote. Qualcuno finisce invece nella rete. In caserma una decina di ragazzi viene posta di fronte a uno specchio, dall'altra parte ci sono gli atalantini.
- Quello no, quello forse, quello mi pare.
Alla fine vengono arrestati in quattro. Qualche settimana di carcere, con la beffa di doverci pure giocare un torneo di cal-

cio con le maglie bianconere della Juventus. Fanno le corna, toccano ferro, ma preferiscono indossarle piuttosto che restare chiusi tutto il giorno tra quelle quattro mura. Franco è in cella con Alessandro, uno degli amici di Nino. Alessandro viaggia a mezzo chilo di pasta al giorno e, visto che le porzioni dell'hotel non sono abbondanti, Franco rinuncia alla sua per raddoppiare quella di Alessandro. L'Inter intanto gioca e vince lo scudetto dei record. Nonostante le giornate sacrificate alla galera, per Nino e il suo gruppo è un'annata da sballo che va festeggiata adeguatamente. Abbracci e lacrime.

7.

PARCO DELLE ROSE

- Sono dieci anni che lo aspettiamo.
Il corteo della curva esce dallo stadio e si incammina verso il Duomo. Ci sono tutti. Milano è impazzita. Si alza un coro: "Milan Point, Milan Point". Un negozio con le vetrine eternamente sputacchiate che vende prodotti del club rossonero ed è posizionato a poche decine di metri dal muretto. Un fumogeno verde annuncia, da lontano, l'arrivo del corteo in piazza Duomo, già invasa e colorata di nerazzurro. C'è anche chi pensa di scrivere con uno spray nero la sua firma sulle sacre pareti della cattedrale: Gigi, Inter 13. Nome, squadra e scudetto numero... Il corteo si mischia alla folla, imbocca Corso Vittorio Emanuele per l'assalto alle vetrine. Niente da fare. La furia non si sprigiona, è spenta dalla polizia, presente in massa e in tenuta anti-sommossa a difesa delle magliette e dei cappellini rossoneri che fanno impazzire i turisti giapponesi. Colpa del Milan Point, la festa del tredicesimo scudetto diventa guerriglia. La polizia carica, Nino e i suoi amici rispondono brandendo i tavolini dei bar del Corso. Il negozio viene salvato. E allora l'obiettivo diventa Bepi Koelliker, una sorta di gioielleria delle auto che si affaccia su piazza San Babila. Al di là di quei vetri, spessi quattro dita, ci sono Ferrari, Rolls, Lamborghini... E soprattutto c'è un calendario del Milan dal quale si capisce che Koelliker è uno sponsor, o qualcosa di simile, dei rossoneri. Una vetrata di quelle può forse resistere a un

colpo di proiettile, ma si sbriciola come una michetta di fronte all'assalto di decine di tavolini di ferro. La torcia gettata all'interno del salone non fa bruciare, come ad Ascoli, un materasso del salto in alto. Questa volta il fuoco avvolge diverse auto di lusso che hanno la sola colpa di essere parcheggiate sotto un calendario del Milan. Il salone diventa un falò.
Per la Curva Nord, però, la vera festa deve ancora arrivare. E, come tutte le feste che si rispettano, lo scudetto numero 13 si celebra ovviamente in una discoteca. Il luogo scelto è il Parco delle Rose, alle spalle del Corvetto. Una location arredata come la villa di Scarface o del Padrino. Capitelli, piscinette, ornamenti barocchi e liberty scolpiti su marmo bianco o rosa. L'abitazione più vicina sarà a un chilometro. All'esterno ci sono svariate carrozzerie, qualche campo da tennis, un canile, campi incolti e, buttati qua e là per la strada, materassi sporchi e vari tipi di macerie, soprattutto water, piastrelle da bagno, bidet e turche ridotte in pezzi. Il parcheggio è ampio, sullo sterrato. La macchina di Nino arriva con cinque ragazzi a bordo. Da sola solleva più polvere di una mandria di bisonti. Nino prima accelera e poi tira il freno a mano: una, due, decine di volte. La macchina si mette di traverso, derapa. I sassolini partono come proiettili. Scappano anche le zanzare. E la festa può iniziare. Piccolo imprevisto: all'interno del Parco delle Rose c'è anche qualche truzzo. La discoteca è prenotata dalla Nord, ma è semplice infiltrarsi quando gli invitati sono un migliaio. Un paio di portoghesi sono seduti al bancone. Uno beve whisky: capelli neri, baffo nero, sulla quarantina. Il suo amico, forse il fratello, è la fotocopia. Entrambi indossano un collanone d'oro con il disegno del profilo della Sicilia come medaglia. Con l'Inter e con la curva non c'entrano nulla. Loro sono, o forse si sentono, delinquenti veri.

- Guarda - si dicono l'un l'altro - questi coglioni. Si esaltano per il calcio e non sono un cazzo.
Con lo sguardo cercano insistentemente di incrociare qualche ragazzino con addosso quelle strane maglie nerazzurre. Uno, che porta la numero quattro di Nicola Berti, si avvicina al banco per ordinare una Coca Cola. Sfiora il braccio dell'uomo coi baffi.
- Mi scusi.
- Scusa un cazzo.
E giù pugni. Stessa scena qualche minuto dopo. Altro sbarbato, che al posto della Coca Cola riceve pugni in faccia. Nessuno se ne accorge, anche perché stanno arrivando i giocatori per far festa insieme alla loro curva. Ma la serata è ancora lunga. Giorgio, Gianni e Pilone, che erano andati a giocare a calcetto, arrivano al Parco delle Rose quando la festa è già iniziata. È circa mezzanotte e, da lontano, vedono un'ambulanza con il lampeggiante acceso proprio nel parcheggio della discoteca. Giorgio, una volta sceso dall'auto, chiama Gianni e Pilone.
- Andiamo a vedere laggiù che succede.
- Cazzo, come li hanno ridotti questi due coi collanoni d'oro. E non deve essere stata nemmeno una rapina, altrimenti non li avrebbero più...
Giorgio capisce tutto quando si avvicina a Nino, che sta spiegando l'accaduto ad altri ragazzi.
- Ero lì al bancone per prendermi una birra... E pensate che gli avevo chiesto pure scusa...
Un paio d'ore di festa volano via e la curva è ai saluti. Ma c'è una zona del Parco ancora illuminata. La musica è diversa da quella Oi che, fino a qualche minuto prima, spadroneggiava nell'aria del Corvetto per numero di decibel. Una melodia più sofisticata, genere ambient-fusion, sta accompagnando degli strani balli.

Nino e i suoi amici, mentre fanno ritorno alle macchine, sbirciano da un telone squarciato cosa c'è al di là del verde che protegge l'angolo vip del Parco.
- Giorgio, guarda come sono vestiti...
- Dai, entriamo a fare un giro.
La decina di curvaioli, già piuttosto alticcia, viene subito inquadrata da una massa informe di modaioli che esibisce il proprio complesso di superiorità. C'è una ragazza, cicciona, che urla.
- Andate via, straccioni.
Dopo un secondo si ritrova scaraventata in acqua con il suo bel vestito di velluto grigio-nero e le sue collane di madreperla. La piscinetta, unica cosa in comune con il resto del Parco delle Rose, in un attimo si riempie di gente.
- Noi - urla uno della Nord - saremo pure degli straccioni, ma voi siete degli stronzi. Guardate come galleggiate.
Uno dei pochi a salvarsi è Marco Predolin, il presentatore che qualche anno prima era diventato famoso in tv con "M'ama non m'ama" su Retequattro con Sabina Ciuffini. Se ne sta lì, seduto in un angolo, con il suo drink. Giorgio lo riconosce.
- E tu cosa ci fai qui?
- Sai, lavoro - risponde Marco -. E voi chi siete?
- Siamo quelli della Nord e abbiamo fatto la festa scudetto qui di fianco.
I buttafuori capiscono che il pericolo è ormai passato e si palesano quando Nino e i suoi amici stanno per uscire dalla discoteca. Uno della sicurezza però non ci sta. Prende per un braccio William.
- Adesso state qui. Abbiamo chiamato la polizia.
Una bottigliata in testa al capo-buttafuori chiude la discussione. La festa adesso è davvero finita. Tutti a casa.

8.

DOMENICA A BOLOGNA

Anche senza calcio, il gruppo passa l'estate incontrandosi ogni sera. Viene organizzata una partita di calcetto, Skins contro Viking, con gli striscioni dello stadio appesi sulle reti che circondano il campetto in erba sintetica. Quelli dell'ora prima, escono dal campo puntualissimi. Non chiedono, come spesso succede, di terminare l'ultima azione. Il derby della Nord finisce 3-3. Ma solo perché Nino, il più forte dei Viking, non c'è. Lo stadio e gli amici dello stadio non sono più tutta la sua vita, ma solo una parte. Sempre più piccola. Nino, il ragazzo che beveva solo Coca Cola e non fumava nemmeno una sigaretta, è cambiato. Ora beve birra e sniffa cocaina. Con lui non si può più scherzare, nemmeno gli amici di una volta. Nino è entrato in un giro diverso. La coca costa tanto, è la droga dei ricchi. Così, se sei di Quarto Oggiaro, per pagartela devi anche venderla.
Nino però non smercia eroina. Quella no, perché ha già ucciso tanti suoi amici e tanti ne ucciderà. Il problema è che, tra una condanna e l'altra, la parte "fuori dal carcere" della vita di Nino trascorre soprattutto agli arresti domiciliari e non c'è nemmeno il tempo per dedicarsi allo spaccio. Eppure la voglia di cocaina non passa, anzi cresce. E bisogna far soldi. Così, di notte, Nino evade da casa. Si aggira per le vie del centro di Milano, con parrucca e cappellino. Non deve farsi riconoscere da qualche agente con la memoria lunga. E' anonimo, non parla, ma trova

clienti e riesce a pagarsi i grammi che si pippa.
Intanto il campionato riparte. Altro giro, altre trasferte. Ma non per Nino, sempre chiuso o in una cella o tra le mura di casa. Fuori ormai lo conoscono tutti. Quando si esce con lui, si aprono le porte dei privè di qualsiasi discoteca. Bevi gratis, fai quello che vuoi. I buttafuori e i capi dei buttafuori sono tutti suoi amici. A San Siro è la stessa cosa. I soldi per i vizi, invece, Nino se li cerca diffondendo il vizio nella Milano by night, così lontana da quella dei ragazzi della Nord. Punto e basta.
Tra una condanna e l'altra, le presenze allo stadio non sono ovviamente più assidue come una volta. A Bologna, scontato l'ennesimo periodo di detenzione, Nino però ci può andare. È un viaggio strano anche perché c'è un ragazzo che sceglie di dare spettacolo. Lui, Roberto, è un antesignano del balconing. Al mattino, fatta colazione, ama gettarsi giù dal primo piano di casa sua verso la strada. E, per le vie del centro di Milano, non è inconsueto vederlo attaccato a un tram, proprio sulla coda, quasi a voler scroccare un passaggio acrobatico all'Atm. Il treno speciale viaggia abbastanza spedito verso Bologna e Roberto, per far passare in fretta il tempo, passa da uno scompartimento all'altro. Lo fa attraverso i finestrini, mentre il treno sfiora i cento orari in uno dei tratti di maggior velocità. Si tuffa fuori, ogni volta sembra la fine. Ma pochi secondi dopo ricompare dal finestrino dello scompartimento successivo. Nino e gli altri non sono attratti dallo show. Conoscono bene Roberto e lo hanno già etichettato come cretino. Nel loro scompartimento stanno stranamente parlando di libri. Claudio inizia la discussione.
- Sto leggendo un romanzo scritto da una giornalista di Repubblica. Duecentocinquanta pagine. Cinquanta per raccontare il suo innamoramento per un ragazzo marocchino, cinquanta

per descrivere quando i compagni di scuola - gelosi - lo hanno picchiato, cinquanta di cazzeggio, cinquanta sull'amore ritrovato, cinquanta della lettera che quel ragazzo, diventato uomo, le ha lasciato, scappando. Ho tratto questa conclusione: quella ragazza, nel corso degli anni deve essersi trasformata in un vero cesso...
È il turno di Giorgio.
- Mi stanno obbligando a leggere un libro di Marino Regini, per un esame all'università. Sto anche seguendo il corso. Che palle! Dalle medie in poi, di tutti i professori che ho avuto, questo è sicuramente il più scadente. Ha il potere di rendere odiosa la materia che insegna. Invece Movimento e Istituzione, di Alberoni, non è mica male.
Nino invece si guarda, ogni giorno, C'era una volta in America.
- Un film della madonna. Altro che i vostri libri del cazzo.
Stazione di Bologna.
- Dai - dice Nino - scendiamo dal fondo del treno, stiamo in coda al corteo.
Arrivati al Dall'Ara il controllo delle forze dell'ordine si allenta. Un gruppetto di una ventina di ragazzi riesce a mescolarsi tra la folla per ritrovarsi un centinaio di metri più in là, in territorio neutro. C'è un bar e i venti escono con altrettanti boccali di birra in mano. E' un attimo. Da una viuzza sbucano i bolognesi. Sono tanti e tutti cercano Nino, quel ragazzo di cui parlano i giornali, le televisioni, le radio. Quasi come fossero invidiosi. Quello davanti a tutti lo sfida.
- Dai Nino, vediamo cosa sai fare.
Nino non fa in tempo a rispondere. Ci pensa uno dei suoi amici a far vedere cosa sanno fare.
- Qui siamo tutti Nino.

E il boccale di birra viene fracassato sulla faccia. Volano cinghiate. La gente scappa e urla. Rudy è uno di quelli che sa menare per davvero. La sua specialità sono i calci: ti arrivano in faccia che nemmeno te ne accorgi. A Milano è il numero uno assoluto del "Kung Fu da strada". Rudy sferra un calcio, poi un altro. Ma i bolognesi sono tanti e Rudy non riesce ad evitare una cinghiata che gli procura una profonda ferita, appena sopra un occhio. Non è finita. Si apre il baule di un'Alfa: è pieno di bastoni. I venti ultras dell'Inter però non scappano, piuttosto si farebbero ammazzare. Questa volta sono disarmati di fronte all'agguato dei bolognesi. Spalle al muro, si difendono con tutto ciò che hanno. Boccali di birra ormai mezzi rotti, cinghie, calci e pugni. Quando intervengono le volanti della polizia, che sgommano impazzite sull'asfalto. l'aria diventa irrespirabile per i lacrimogeni. Nino e i suoi tornano sotto la loro curva. A parte il taglio in faccia di Rudy, gli altri stanno bene. A terra resta solo quello che si chiedeva cosa sapesse fare Nino. I ragazzi sono esaltati, in venti li hanno tenuti a bada. Ma a Nino non è sfuggita una cosa.
- Vieni qua deficiente - urla a Roberto - perché non ti sei messo? Sei un omino di merda. Fai tanto il fuori di testa sul treno e poi ti caghi sotto per quattro bolognesi? Non farti più vedere, sparisci.
Per Roberto è davvero una giornataccia. Quando il gruppo fa ritorno a Milano è notte e, alla Stazione Centrale, quattro brutti elementi lo circondano. Futili motivi, occhiate fuori luogo.
- Ti mettiamo *u pesce ammocca* - gli urlano.
Spuntano i coltelli. Ma spunta anche Occhiolino, il curvaiolo che vive alla stazione e che tutti rispettano, nella Nord e anche tra i barboni.

- Fermi - grida Occhiolino - per lui *corrispondo* io.
I quattro, senza neanche fiatare, fanno un cenno d'intesa e depongono le armi. Anche l'ultimo dei ragazzi della Nord può tornarsene a casa, la trasferta di Bologna è davvero finita.

9.

LIBERIANI DI BARANZATE

Le giornate di Nino trascorrono senza tregua. Calcio, cocaina, coltelli e pestaggi. Le ragazze stravedono per lui. Nino ne cambia una al giorno. Fino a quando decide di avere una relazione stabile con una biondina, ricca e abbastanza fuori di testa. Nino, però, non fa un buon affare: il prezzo del vizio si raddoppia. La biondina sniffa quanto e forse più di lui... Il ragazzo cresciuto allo stadio, quello che non ha paura di nessuno, si trasforma notte dopo notte in un anonimo spacciatore. Finisce per scontrarsi con realtà e personaggi sempre diversi. Se il teppismo da stadio ha le sue regole, il variegato mondo della violenza da marciapiede non ne ha. Un pezzo di prato nell'hinterland milanese, per esempio, può cambiare la vita per chi arriva dall'Africa, senza soldi e senza nulla da perdere: una volta conquistati, quei pochi metri quadri di parco non si possono più perdere. Nino, però, ha deciso che in quel posto deve lavorare uno dei suoi amici.
- Ma non possiamo - dice Enzo -. Guarda che questa, ormai, è zona loro.
Nino lascia passare qualche giornata. Poi decide di agire.
- Allora, Enzo, come va?
- Niente da fare.
- Ok, allora ci penso io. Domani sera mi presento ai giardinetti.
Il giorno dopo, Nino passa il pomeriggio a casa. Chiama Gianni al telefono.

- Dai, vieni che ci vediamo Scarface.
Quando Nino apre la porta ha il viso scavato, teso. Nessun accenno di sorriso. La cassetta - già nel videoregistratore - sta per partire. Gianni capisce che non è stato chiamato lì per Scarface.
- Che cazzo è successo?
- Seguimi in cantina.
Per arrivare alla cantina bisogna uscire di casa, passare attraverso un'inferriata segata, girare l'angolo e percorrere un centinaio di metri. Ci sono dei palazzi, tutti uguali, che formano una sorta di quadrilatero. In un angolo, quattro ragazzini hanno fermato un coetaneo e gli stanno rubando scarpe, giubbotto e pantaloni. "Ciao Nino!", urlano insieme i piccoli predatori quasi a volersi mettere in mostra. Nino non si volta nemmeno e, con Gianni, si fionda in un cortile. Poi imboccano le scale che portano a meno uno. In fondo a un lungo corridoio c'è una porta di legno, chiusa con un lucchetto.
- Ecco, trovate! Le chiavi dovrebbero essere queste.
La porta si apre e, dietro, spunta un grosso zaino che Gianni ben conosce.
- Nino, cos'hai oggi? Mi hai fatto venire fin qui per farmi vedere gli striscioni dei Viking?
- Aspetta, guarda.
Nino sposta lo zaino dal muro sollevandolo con il piede destro. La faccia di Gianni improvvisamente sbianca quando, da sotto lo zaino, sbucano tre pistole. Nino ne prende una e abbraccia Gianni.
- Mi serve per questa sera.
A Baranzate comandano i liberiani. Lo spaccio del fumo è roba loro. Se poi bevono, sono pure cattivi. E' sera e Nino sale in sella

al motorino. Pochi minuti, senza pensare troppo a quello che accadrà, con il ferro in tasca: non può aver paura di nessuno. Passa a prendere Enzo.
- Ciao Nino.
- Ciao Enzino, andiamo...
Fa caldo, Baranzate è piena di zanzare e le finestre dei caseggiati sono tutte illuminate. Al parchetto è un via-vai continuo di macchine. Si fermano, pagano e ritirano la merce. Nino, tenendosi il casco in testa, scende dal cinquantino.
- Enzo, stai qui e aspettami. Tieni il motore acceso.
Sono cinque e capiscono che è arrivato il momento di difendere il territorio. Il loro capo, il più grosso di tutti, si fa avanti.
- Che cazzo vuoi tu? Chi sei?
Nino non risponde e gli si avvicina.
- Niente, sono venuto qui solo per comprare del fumo...
- Non è vero, brutto bastardo, tu e il tuo amico volete questa zona.
Il ragazzo con la pelle d'ebano afferra Nino per il collo. Enzo osserva la scena a una ventina di metri di distanza. È armato anche lui, ma se ne sta lì, fermo sulla sella. Nino invece estrae la pistola e spara due volte all'altezza delle gambe. Il ragazzo della Liberia piange, urla. Ha entrambe le ginocchia bucate e il marciapiede si riempie di sangue. Il ragazzo è solo, gli altri quattro sono scappati. Il territorio è conquistato e Nino punta la pistola ancora calda, un'ultima volta, sulla bocca del rivale.
- Per ora non ti ammazzo, ma da qui dovete sparire.
Enzo lo aspetta sul motorino e via, in fuga, con la convinzione di avercela fatta. Ma la spedizione, in realtà, non è andata come doveva andare. C'è un prezzo da pagare. Perché un uomo, una guardia giurata di passaggio, ha visto tutto. Nino finisce in car-

cere. E non è come la prima, maledetta volta. Adesso non è un innocente in cella. Gli amici dello stadio non possono far nulla per lui. La vita carceraria azzera tutto. Il ragazzo che mena più di tutti, che fa scappare curve intere, in galera è uno come gli altri. Ognuno ha la sua storia, non si deve insegnare nulla agli altri. A turno bisogna asciugare la doccia. A turno si pulisce la cella. E le giornate passano uguali, sempre uguali. Nino si diletta nello scrivere poesie. Un giorno, Giorgio si ritrova tra le mani il giornaletto dei detenuti di Opera e, a pagina sette, ne trova scritta una firmata dal suo amico. "Le foglie al vento. Sì, io sono come un'edera che perde le foglie. Una, due, tre...". L'edera è Nino, le foglie al vento sono gli anni di galera. E sono già tre. Eppure la monotonia del carcere, oltre che dalle poesie, è spezzata anche da qualche comparsata di gente dello stadio, come quella di Gavino. Un giorno, Nino scende al piano terreno per l'aria. Toc toc sulla schiena.

- Gavino. Ciao, che ti è successo?

- Ho rinchiuso una guardia giurata nel bagagliaio della sua auto di servizio dopo avergli rubato la carta di credito con il pin. Una serata fantastica, esagerata. Mi hanno dato sequestro di persona, ma penso che presto mi metteranno in comunità.

O come quella di Leo.

- Leo. Ciao, che ti è successo?

- Ho accoltellato uno che, per questioni di parcheggio, mi ha dato del figlio di puttana. Ma non l'ho ammazzato e sono incensurato, quindi...

Per Nino il giorno della ritrovata libertà arriva curiosamente con l'entrata in comunità di Gavino. Leo invece uscirà qualche mese dopo.

La biondina è lì fuori ad aspettare, con il suo bel nasino da riempire. E si ricomincia da dove ci si era lasciati: coca. Dopo tre anni di carcere i pezzi di territorio conquistati sono persi, appartengono ad altri. Nino diventa preda degli spacciatori e inizia a indebitarsi. Dieci, quindici, venti milioni di lire. Un giorno torna a casa e trova la madre in lacrime. Il momento di pagare il conto è arrivato.

- Sono passati di qua e si sono portati via la televisione. Mi hanno detto che stasera torneranno. Se non ti trovano, prendono il computer di tua sorella.

Con quella gente non si scherza, il problema è che i soldi non ci sono. Neanche il tempo di organizzarsi, di studiare qualcosa, che la biondina suona il citofono. È arrivato il momento della pippata quotidiana, ma Nino questa volta è a zero. Zero soldi, zero coca. Il "pagherò" non funziona più.

- Aspetta, mi è venuta un'idea - dice Nino. Prende il telefono e chiama Giorgio.

- Questa potrebbe essere l'ultima volta che ci sentiamo. Stasera passano da casa mia e mi ammazzano come un cane. Non ho i soldi per pagare il debito. Basterebbe un milione, giusto per calmarli un po'. Io sto chiamando tutti voi. Tu cosa puoi fare?

- Io ho centomila lire. È tutto quello che posso darti.

- Va bene, vieni qui e portameli.

Dopo un'ora, Giorgio è in via Capuana. Questa volta, al contrario di quanto era accaduto qualche anno prima, non è affatto contento e orgoglioso di fare questo passo. Giorgio sa benissimo che la sua banconota da cento sarà girata a qualche spacciatore. Va nella stanza di Nino, accanto a lui c'è la biondina. È chiaro che pipperanno scroccandogli quei soldi. L'amicizia con Giorgio è ormai ricoperta dalla polvere. Nino si sente una merda e se la prende con la biondina.

- Vattene! - le urla.
Poi saluta la mamma.
- Io sparisco per un po'. Se si fanno rivedere devi dire che io, con te, non c'entro più nulla. Che sono scappato.
Chissà perché, quella sera, nessuno suona al campanello della casa della signora Anna. Nino è solo, ma sa che la solitudine, la mancanza di punti di riferimento, può essere un'arma da giocare nella sua fuga dalla morte. Per qualche settimana diventa un fantasma. Nessuno sa dov'è andato a finire.

10.

LA CARTA DEL SIGNOR CARLOS

L'ultimo ad averlo incrociato è Occhiolino che, allo stadio, lo racconta a Giorgio.
- Ho visto Nino l'altra notte in Stazione Centrale, ma mi ha salutato appena. E' andato nei binari in fondo, quelli dove ci sono i treni diretti in Francia.
Nino, al binario 13 della stazione, chiuso nel cesso di un treno diretto a Ventimiglia, si gioca l'ultima carta. La destinazione è Cagnes sur Mer. Passa la frontiera, cambia treno e scende dopo pochi minuti. Tira fuori dalla tasca dei pantaloni un bigliettino scritto a penna. Si intravede appena una traccia d'inchiostro: Carlos, rue d'Italie 23. Ci va a piedi. Palazzo ottocentesco, servitù in divisa, mille telecamere. Apre la porta il maggiordomo, parla un buon italiano.
- Il signor Carlos in questo momento non c'è. È all'ippodromo a seguire gli allenamenti dei suoi cavalli. Farà rientro per questa sera, all'ora di cena. Posso riferire io. Lei è il signor...
- Nino. Anzi... lasci perdere. Vado io all'ippodromo.
Altra passeggiata. E Nino rivede un'immagine familiare. Da lontano scorge infatti l'insegna Hippodrome de la Côte d'Azur, che gli fa da guida. Nino ricorda di averla già vista dall'autostrada, dal finestrino del lamierone, di ritorno dalla trasferta a Barcellona per Español-Inter. Il ricordo di quel viaggio, curiosamente, è legato proprio a un cavallo della Guardia Civil accoltellato al

gluteo negli scontri post-partita. Stavolta i cavalli possono stare tranquilli.
- Scusi - dice Nino alla guardia - la scuderia del signor Carlos?
- In fondo a destra.
Nino cammina veloce verso la meta, osservato da decine di trottatori che riposano nelle scuderie o che passeggiano in piccoli ma accoglienti paddock. Il sole ormai sta quasi tramontando. A dieci metri dalla scuderia, Nino viene bloccato dalle guardie del corpo del signor Carlos. Con fare minaccioso, tradotto in italiano, più o meno gli dicono…
- Chi è lei? Cosa sta facendo qui?
- Monsieur Carlos, je suis Nino - risponde, utilizzando tutto il suo vocabolario francese.
Uno dei due si incammina verso la scuderia. L'altro molla il braccio di Nino, ma lo invita a rimanere fermo accanto a lui. Dopo un paio di minuti, la guardia esce dall'edificio e fa un cenno col capo.
Nino entra nella scuderia, accompagnato da quell'uomo che ora non lo guarda più con sospetto.
Si apre la porta: sulla scrivania spicca una coppa. In bacheca ce ne sono decine. Ma quel trofeo è stato spostato lì da qualche secondo. Nino se ne accorge perché, proprio all'entrata, c'è un buco. L'unico buco in una sequenza interminabile di coppe.
- Salve, signor Carlos, si ricorda di me?
Il signor Carlos abbozza un sorriso e indica con l'indice l'oggetto che ha appena posato sulla scrivania.
- Certo che mi ricordo. Questa l'ho vinta grazie a te.
Su quella coppa c'è scritto: "Gran Premio Città di Milano 1985".
- Eh già - ricorda Nino -. Per me fu tutto un gioco. Mi ricordo che facevo il cameriere al bar dell'ippodromo e avevo in mano

Cavalli & Corse. Parlando con Gianni, mi ero messo in testa di giocare sul suo cavallo tutto il mio mensile. Ma il favorito era un altro. Allora lei mi chiamò...
- Già - ti chiamai - e ti dissi che il box dove quella notte alloggiava il favorito era proprio il secondo a destra all'uscita del ristorante. E poi...
- Poi andai a prendere quel medicinale. E di notte zac, una bella punturina. Il giorno dopo non fu difficile battere un cavallo pieno di morfina.
- Sì - ribatte Carlos - mi ricordo ancora i fischi del pubblico a quel povero driver italiano.
- E si ricorda di avermi scritto questo biglietto?
- Certo, Nino. Ti devo un favore. Che ti è successo...
- E' successo che sono diventato un tossico di merda, che sono pieno di debiti e che vogliono ammazzarmi.
- Quanto ti serve?
- Venti milioni di lire.
Il signor Carlos scoppia a ridere.
- Nino, tu quel giorno me ne hai fatti vincere duecentocinquanta. Ma non ti do soldi. Ti do un'altra chance di tornare a Milano e vivere la tua vita, tranquillo. Non devi presentarti coi soldi e darglieli. No. Loro penserebbero che ti è andata bene una rapina, ma ai loro occhi resteresti sempre un tossico. Ora, esci un attimo. Fammi fare una telefonata.
Nino esce dalla stanza dei trofei e ripensa a quel gran premio, ai soldi vinti e subito ripersi nelle due corse successive. E al biglietto che aveva sempre tenuto con sé. Qualche minuto dopo, il signor Carlos fa chiamare nuovamente Nino dalle sue guardie del corpo.

- Tutto a posto. Ora puoi tornare a Milano tranquillo, ma prima strappa quel biglietto. Adesso siamo pari. Buona fortuna, ragazzo.
Arrivato a Milano, Nino si fionda a casa della mamma. La signora Anna è bianca in volto, spaventata. Però il computer della sorella è ancora lì.
- Che è successo, mamma? Sono tornati qui?
- No, Nino. Però mi ha chiamato il papà di quella ragazzina bionda che frequentavi. Mi ha detto che l'hai minacciata e lui ora ha i nomi anche di tutti i tuoi amici. Se le succede qualcosa, vi rovina.
- Ci rovina...
- Sì, perché lui è il questore di...
- Che puttana - chiude Nino - mi ha sempre detto che suo padre era un agente immobiliare.

11.

PAITA A PIZZABRASA

Per fortuna, quella sera c'è un concerto a Pizzabrasa. È una cascina nel comune di Pieve Emanuele, alle porte di Milano. E Nino può rilassarsi un po' con la musica Oi, senza pensare più alla biondina. Arrivano in un migliaio da tutto il Nord Italia e anche dalla Sardegna. I padroni di casa sono gli Skins di Milano e, a un lato del palco, spicca infatti un pezzo dello striscione che si metteva allo stadio. È la parte del bulldog col boccale di birra. Con il calcio e con l'Inter, però, gli Skins hanno chiuso da qualche tempo. Meglio i concerti. E la cascina prende il posto della Curva Nord come luogo di ritrovo. Pizzabrasa è gestita da gente del profondo sud a cui non frega niente della politica, di quello che si legge sui giornali. Gli Skins, grandi bevitori di birra, sono ottimi clienti. Sono in mille, ma consumano per diecimila... Il gruppo più numeroso, oltre ai milanesi, è quello dei veneti. Sotto il palco, pogano e massacrano tutti. L'unico che tiene testa, anzi li batte, è Paolo. Nino, invece, se ne sta al tavolo con alcuni amici tra i quali c'è uno strano tipo. Si chiama Filippo. Paolo lo abbraccia.

- Sei venuto di corsa?

Zero titoli, ma un talento grandissimo. Ci fosse lui ora il mezzofondo italiano avrebbe sicuramente un finalista olimpico e mondiale. Altrettanto sicuramente avrebbe una medaglia prenotata per gli Europei. Eh già, se ci fosse Filippo Paita. E chi è?

Uno che figura nelle liste dei più veloci italiani di sempre sui 3.000 metri. Il suo nome è in mezzo a quelli di Di Napoli, Ortis, Panetta, Cova, Mei... Quel 7'51" indoor nel 1992 a Genova, nei Columbus Games trasmessi in diretta su Tele Monte Carlo, fa urlare a Giacomo Mazzocchi: "Chi è questo Filippo Paita?". L'ex c.t. Rossi risponde: "Un ragazzo della Riccardi". Quel ragazzo, ventiquattro anni, è conosciuto solo da chi l'atletica la mastica, la capisce, la suda. Alla Forza e Coraggio di Milano, pista in terra da 378 metri, un giorno si inventa un allenamento. Parte da casa, via Wolf Ferrari, e arriva di corsa al campo di via Gallura. Un chilometro e mezzo circa di riscaldamento.
- Mi prendete il tempo sui mille?
Due minuti e trenta secondi. Attenzione: in una curva c'è la sabbia, nell'altra (dove non batte il sole) c'è il fango... Qualche giorno dopo Giorgio Rondelli, l'allenatore, raggiunge Filippo in piazza Maggi. Quasi lo carica a forza in macchina. Filippo non vuole andare a Genova perché agli assoluti indoor è finito solo terzo. In tv, nella starting list in sovrimpressione, compare il nome di Filippo Paita. Filo è lì, lo inquadrano. E' una gara veloce. Il gruppo si sgrana. Filippo a Genova accarezza la pista, il tempo è un tempone, il terzo assoluto all time in Italia. Paita però non è un robot. Se la gode. Un giorno sbuca nella sala corse di via Bramante, a due passi dall'Arena. Una piccola divagazione durante il riscaldamento della Pasqua dell'Atleta. Gioca un cinquantino su qualche sfigatissimo trottatore. Guarda la corsa in tv. Perde. Poi riprende il riscaldamento e piazza un meno 8 sui 3.000, terzo e primo degli italiani. Già, i 3.000. La sua distanza preferita, non olimpica ovviamente. A vent'anni si presenta al campo XXV Aprile. Legge sulla Gazza che Cova fa un test pre-olimpico. Paita ha voglia di correre. E sta attaccato al

campione fino ai duecento finali. Il campione s'incazza perché deve fare una volata per staccare "quello lì" che corre con la Lacoste verde. La prima impresa di Filippo è in seconda media. I milanesi nati negli anni Sessanta sanno cosa rappresenti quel giro intorno all'Acquario con partenza e arrivo all'Arena Civica. Tutti partono forte, come se fosse un 60 metri. Invece il fiatone arriva presto. Non per Filippo, che entra all'Arena da solo con una retta di vantaggio. Mai nessuno ha vinto così... Prima di ritirarsi dall'atletica Filippo regala altre due perle, sempre nel 1992. Vince i campionati italiani assoluti sui 5.000 metri al Dall'Ara di Bologna. Stefano Baldini, proprio il futuro campione olimpico nella maratona ad Atene 2004, annaspa e se la giocano in volata Filippo e Gotti. Non c'è partita. Paita è più veloce, sopravanza l'amico Gotti ma, a dieci metri dal palo, improvvisamente scarta verso l'interno. Sfiora il rivale che appoggia un piede fuori dalla pista. Reclamo. Gotti vince, Paita sparisce dall'ordine d'arrivo.
- Filippo, che cazzo hai fatto?
- Volevo fare come quando Baroncini - un driver di trotto - ha vinto quella corsa con Enguerillero...
Per rimettere le cose a posto, tre mesi dopo (stessa pista, stessa distanza) Filippo li ribatte tutti (gli italiani) nella Notte delle Stelle. Primo Barkutwo (Kenia) 13'26", secondo Ntawalikura (Ruanda) 13'29", terzo Paita 13'32". Pusterla, Gotti, Baldini, Carosi finiscono dietro. Qualche giorno dopo, ancora a Bologna, riunione regionale in un campetto periferico. Filippo vuole fare un 10.000. Il secondo, Privitera, finisce a 30". Gli altri tutti lontani. Il primo è Paita che piazza lì un 28'35". Avrà fatto cento doppiaggi. Sembra lanciato verso le vette internazionali. Sembra. Senza un vero perché Filippo Paita decide di non correre più. Ed eccolo lì a Pizzabrasa. Filippo mangia una salamella e beve

un boccale di birra.
- Però, Nino. Che bella compagnia...
Infatti... Una testa sbatte con violenza contro il pavimento. È quella di un veronese, a terra, tramortito, dopo essere stato colpito da un diretto di uno di Milano. Paolo si sente tradito. Dopo che, per una settimana, aveva ripetuto ai suoi "State buoni, non rovinate tutto con la solita rissa", adesso è una belva ferita. Paolo spacca tutto quello che gli capita a tiro. Si spostano, scappano, lo lasciano sfogare. Uno dei gestori della cascina, sale sul palco e prende il microfono strappandolo a un cantante Oi.
- Questa non è una festa - urla -. Questa è una minchiata!
Filippo chiama Giorgio.
- Lo ha ammazzato. Dai, prendi il motorino. Andiamo via che qui presto arriva la polizia.
Il veronese si rialza. Per fortuna ha la testa dura, ma cala il sipario sul concerto. Ce ne saranno altri. Molti finiranno ancora in rissa. Uno con l'accoltellamento di Darietto, uno degli amici più cari di Nino. Solo perché Nino, quella sera, era qualche chilometro più in là, nel carcere di Opera.
- Darietto, cos'è quella cicatrice? - domanda Nino, di nuovo libero.
- Sono stati i veneti in un concerto...
- E quelli di Milano non ti hanno difeso? Adesso vado ad acchiapparli io...
Paolo non c'è più e la Curva Nord si slega definitivamente dagli Skins.
Nino, intanto, incontra altri strani tipi. Come Vincenzo, uno che alla prima trasferta riesce a farsi ammanettare subito.
- Vieni a Bergamo domani? - gli domanda un amico che va in curva.

- Va bene.
Al mattino, quando il ragazzo passa a prendere Vincenzo per andare insieme alla stazione, si trova davanti a un'altra persona, trasformata nel look e completamente cambiata rispetto a qualche ora prima. Facilissimo descrivere il Vincenzo della sera: il suo soprannome è Gheddy. Sì, è la fotocopia di Gheddafi. Al mattino il Rais è diventato un personaggio tra il nazi e il sadomaso fetish. Capelli rasati, baffetti alla Hitler, felpa nera "Boia chi molla", giubbotto nero con ricami dorati e bottoni d'oro alla Michael Jackson, pantaloni di pelle nera con borchie alla Freddy Mercury. All'arrivo alla stazione di Bergamo, gli agenti si gettano subito su Gheddy.
- È apologia di fascismo - dice il commissario - prendetelo!
Lo acchiappano, tentano di ammanettarlo. Ma i ragazzi della curva lo prendono per le gambe e cercano di tirarlo fuori dalla morsa. Vincenzo sembra una fune. Poliziotti da una parte, curva dall'altra. Alla fine lo sottraggono all'arresto. Nino resta però affascinato da quell'individuo raccattato per strada. Il curriculum è di prim'ordine: si è fatto un paio d'anni in Guardia seconda, al Policlinico, e ha il cento per cento di invalidità. Nel portafogli custodisce gelosamente il documento nel quale si attesta che "trattasi di soggetto pericoloso per se stesso e per gli altri". Inoltre Gheddy può godere di alcuni "benefit". Treni gratis, mezzi pubblici gratis e, soprattutto, stadio gratis. Passa dal cancello, con tanto di accompagnatore, e mostra la tessera urlando, fiero: "Handicappato!". Sembra l'omino Michelin: sotto il giubbotto ha nascoste decine di torce che, una volta entrato, consegna agli amici della Nord. Per un anno Vincenzo diventa l'uomo chiave delle coreo e segue tutte le partite dell'Inter, casa e trasferta. Fino a quando un giorno i nerazzurri perdono male e Vincenzo

decide di farla finita (col calcio). Sceglie di scatenare la sua rabbia in un modo originale, con le flatulenze. Le sue sono leggendarie. Da bambino, per scommessa, Gheddy si toglie i pantaloni e mostra agli amici le mutande.
- Guardate bene, sono intere. Scommettete una spuma che le straccio senza usare le mani?
Dopo pochi secondi al teatro dell'oratorio di via Commenda tremano i vetri oltre i quali c'è la cassiera che, impaurita, si getta sotto il tavolo. Pensa a un terremoto. Invece è... Vincenzo.
- Ho strazzato le mutande, vedete? Dai andiamo al bar e pagate.
Nel corso degli anni, decine di scommesse vinte. Nessuna persa. Stavolta, però, Vincenzo vuole usare il suo talento per vendetta contro chi gli sta più antipatico. Quando torna a casa, dopo quella maledetta partita che gli ha rovinato la domenica, entra nel portone e si indispettisce. Nel giardino al pian terreno, proprio sotto casa sua, c'è una festa di quelle che Vincenzo non può non odiare.
- Che cazzo avranno da festeggiare... Oggi abbiamo perso.
Sono i nuovi vicini di casa: ricchi, colonizzatori di via Orti che, da strada popolare, si sta trasformando, a suon di sfratti, in zona chic. Gheddy si adagia sul water, la cui finestra al primo piano dà proprio su quell'elegante cortile, e inizia la sinfonia.
- Mamma, cos'è questa puzza? - domanda il bimbo della padrona di casa.
- Cacca!
C'è il fuggi fuggi da quel giardinetto. L'odore del filadelfo lascia il posto al fetore di una fogna a cielo aperto. Vincenzo, dalla sua postazione, se la ride. Ha lo sfratto in tasca, l'Inter è a pezzi, ma se la ride. La stagione di Vincenzo ultras si chiude qui perché

la sua assistente sociale riesce, bene o male, a inquadrarlo in un programma di recupero. E lui se ne innamora. Un giorno incontra Nino e gli confida che sta per iscriversi a una scuola per il conseguimento di un non meglio precisato diploma. Ma il livello di partenza è pressoché zero. Ecco due esempi della preparazione in italiano e matematica.
- Vedi, Nino, mi arrapa la mia assistente sociale. *Domani la telefono e gli chiedo se gli piace essere leccata la fica*.
Su un libro di esercizi per la preparazione al corso scolastico che attende Vincenzo c'è un quiz. Domanda: se un ciclista deve percorrere 2 chilometri e ha già fatto 1.500 metri, quanti metri gli mancano al traguardo?
- 2 meno 1.500 non fa 500, come scrivono loro nella soluzione. Ci deve essere un errore! - è la tesi di Gheddy.
La Curva Nord perde un pazzo, ma nella sua lunga storia ne troverà altri.
La cosa che invece resta una costante è la voglia di scontrarsi con gli juventini. Emarginati, preso in giro, disorganizzati, sono da sempre il bersaglio preferito delle curve milanesi. Da quando Nino è entrato per la prima volta a San Siro, scavalcando il cancello insieme a Gianni, le cose sono però cambiate. Gli stadi sono militarizzati e, proprio per questo, le tifoserie - anche quelle più sfigate - si muovono in massa in trasferta. Tanto c'è la polizia a scortarli, a proteggerli. Nino si ricorda bene quando, da ragazzino, vedeva i gruppi organizzati della Juventus solo in tv, nei collegamenti di "Novantesimo minuto" dal Comunale di Torino. A San Siro, di ultras, neanche l'ombra. Eppure gli juventini erano tantissimi, mischiati tra la gente, senza sciarpe. E, al puntualissimo gol dei bianconeri, metà stadio si alzava, gioiva. Dalla curva partivano due-tre esauriti alla caccia di qualche

sprovveduto con la sola colpa si essere stato visto, mentre esultava, da qualcuno della Nord. La massiccia presenza delle forze dell'ordine finisce per rinforzare le curve più deboli. Come quella juventina che, a inizio anni Novanta, si presenta regolarmente in massa a San Siro. Non solo, all'uscita dello stadio qualche cane sciolto si avventa pure sui ragazzini. E giù titoli: "Interista accoltellato". Quel giornale è anche nei bar di Quarto Oggiaro.

- Nino, leggi la Gazzetta. Ma com'è che le prendete dagli juventini? Non sono mica dei conigli?

Nino gliela strappa di mano: "Quindici anni, ferito all'addome. È in terapia intensiva. Il padre è sconvolto: era la prima volta che andava allo stadio". La colazione finisce qua. Nino chiude il giornale e lo ripone sul bancone dei gelati. Intanto il proprietario del bar sdrammatizza.

- Avete finito di leggerla? Dai che ormai è mezzogiorno e mi serve per incartare i carciofi.

Nino immagina la scena delle coltellate a quel ragazzino e non si dà pace. Tira fuori dal portafogli il calendario del campionato e non vede l'ora che passino tre mesi, che arrivi il momento del ritorno a Torino... Intanto c'è da pensare al lavoro. Nino fa il parcheggiatore e le giornate scorrono tutto sommato tranquille. Il gruppo dello stadio è il suo punto di riferimento, lì ha le amicizie più vere, lì non c'è nessuno che tradisce. Anzi, se uno ha bisogno, si corre subito in suo aiuto. Sono i tempi delle prime diffide, degli avvocati da pagare. E le collette in curva si fanno sempre più frequenti. Alla domenica, alla fine delle partite in casa, vengono raccolti due sacchi dell'Esselunga pieni di monete. Qualcuno ci butta dentro pure una banconota. Il conto arriva a sfiorare il milione di lire.

- Dai - dice Nino - portiamoli dalla mamma di Guido, serviranno per l'avvocato. Pensa, l'hanno ripreso con le telecamere con una torcia accesa. E, per questo, rischia il carcere. Tutta colpa di quei gran figli di puttana dei giornalisti: per noi dello stadio vorrebbero la pena di morte. Per loro siamo ragazzi di serie B perché ci piace il calcio e non siamo manovalanza da usare nelle piazze.

12.

PORSCHE BUCATA

Dal lunedì al venerdì Nino lavora come parcheggiatore di fronte al Conservatorio. Di giorno tutto fila via liscio, gente tranquilla che non crea grane. C'è tempo per osservare i passanti. Un pomeriggio la sua attenzione viene attirata da un uomo alto più di due metri, in jeans e camicia da boscaiolo, che cammina con andatura morbida e scazzata. Lo guarda in faccia, è un lampo. Chuck Jura! Non è un giocatore di basket, per Nino e una generazione di ragazzi milanesi Chuck Jura è il giocatore di basket per eccellenza: in sette stagioni, dal 1972 al 1979, ha con le sue prodezze illuminato il Palalido e la storia della seconda squadra della città.
Arrivato alla Mobilquattro appena uscito dalla Nebraska University, ingaggiato dal mobiliere Tino Caspani, conquistò subito tutti. Un po' per i capelli lunghi, un po' perché fuori dagli schemi e molto perché immarcabile, Jura diventò un'icona generazionale nella città di Inter e Milan dove il basket fino a quel momento era significato soprattutto Simmenthal. Con la moglie Janet andò ad abitare in via Monreale, dove c'era anche la sede della società, a poche centinaia di metri dal campo di allenamento e di gioco. Primi mesi milanesi tutti pallacanestro e frisbee: con il fratello minore Danny giocava in piazza Zavattari e a volte anche in Santa Maria delle Grazie, sotto il Cenacolo leonardesco, dopo avere pagato le duecento lire del biglietto

d'ingresso. Proprio il posto dove oggi si entra con prenotazione... A Milano stabilì record sportivi e diventò il leader di una banda di americani folli. Fra questi Mel Janousek, personaggio che sembrava uscito dal film Easy Rider e che sarebbe diventato un importante matematico una volta tornato negli Stati Uniti. Dalle tribune del Palalido risuonava il grido *Lotta Jura, senza paura!* che faceva il verso ai cortei degli anni Settanta. Ma la politica non c'entrava, davvero. Jura era solo un campione, capace di trascinare una squadra mediocre. Nel 1976 la sponsorizzazione della Pallacanestro Milano cambiò in Xerox, lui sarebbe potuto andare nella NBA ma alla fine scelse di rimanere. E così il bambino Nino potè godersi le prodezze delle ultime sue stagioni milanesi. A fine carriera sarà l'americano nella storia con più punti nella serie A italiana: 9.868, record imbattuto ed imbattibile. Nino trova il coraggio, lui che non ha paura di niente, di fermare il suo mito.

- Scusa, ma tu sei per caso Chuck Jura?

- Sì, sono io - risponde l'ex campione quasi sorpreso che qualcuno dopo vent'anni sia in grado di riconoscerlo.

- Grazie Chuck, per i momenti belli che ci hai fatto passare.

- È stato bello anche per me - replica Jura imbarazzato. Poi si scioglie e regala a Nino cinque minuti memorabili. Gli racconta dell'amarezza per l'ultima stagione alla Xerox, in una squadra male allenata e senza futuro che infatti sarebbe fallita nel 1980. Poi del finale di carriera italiano, fra Mestre, Bergamo e Roma. Infine della sua vita tranquilla in Nebraska, dove ha investito i suoi guadagni da giocatore in alberghi e ristoranti Pizza Hut. Ha tre figli grandi e ogni tanto torna a vedere la sua Milano senza avvertire nessuno dei vecchi amici, che poi alla prova del tempo risultano solo conoscenti. Si sente solo con Guidali e Veronesi,

compagni di scarso talento in campo ma fenomenali nell'organizzare serate. Non gli piace la malinconia delle rimpatriate, detesta i discorsi sui bei tempi andati. Preferisce dedicarsi al golf e alle sue partite con la nazionale americana Master finanziata dall'amico Bob Lucenti, famoso avvocato di Chicago originario di San Giuseppe Vesuviano. Però ha una curiosità.
- Nino, ho cercato spesso sui giornali italiani notizie della Pallacanestro Milano ma non ne ho trovate nemmeno guardando i tabellini dei campionati minori. Sai se esiste ancora?
- Sì Chuck, esiste ancora. Mi hanno detto che gioca in serie C2 e non più al Palalido ma in una squallida palestrina vicino a viale Padova. La vanno a vedere solo i parenti dei giocatori, un po' come accade nel resto del basket italiano.
- Che peccato, quanta passione buttata via. Noi eravamo qualcosa di importante, per Milano.
Jura abbraccia Nino, che in quel momento ha un'idea. Il pomeriggio dopo, alle quindici, sono in piazza Stuparich davanti a un Palalido che dimostra tutti i suoi quaranta anni ma che ancora non è stato distrutto.
- Grazie Nino, avevo proprio voglia di vedere da solo il mio vecchio campo.
Entrano insieme, i cancelli sono socchiusi. Nei corridoi i soliti fili elettrici a vista, i finestroni che sembrano essere stati puliti l'ultima volta ai tempi della Xerox, la polvere che fa solo intuire il colore del pavimento. Tutto regolare, nella città che qualche anno prima sognava di ospitare i Giochi Olimpici. Sul parquet non c'è nessuno, ma le luci sono stranamente accese. Jura entra guardandosi intorno, niente gli sembra cambiato. Quanta passione messa lì dentro, quante battaglie... Un momento di raccoglimento, come se fosse in una cattedrale, poi un sospetto. C'è

qualcuno. Jura fa qualche passo verso il campo. Tre lati delle tribune vuoti, ma nel quarto... Sorpresa, o forse no. Ci sono trecento ex ragazzi scappati dal lavoro, dalla disoccupazione, dalla famiglia, dai sogni spezzati, dalla vita. Facce da pallacanestro, di gente che ha ritagliato foto da Giganti e letto ogni tabellino del Superbasket di Aldo Giordani. Nino ha attivato qualche suo amico baskettaro e fatto scattare il tam tam. Considerando le poche centinaia di presenze alle ultime partite in serie A, tutti i tifosi della Mobilquattro-Xerox tranne i morti sono presenti lì, quel pomeriggio di un giorno feriale. Si sente una magia, si sente un grido.
- *Lotta Jura, senza paura!*
Il campione è lì, in mezzo al campo, che piange e saluta facce amiche.
Per Nino la realtà quotidiana del parcheggiatore è molto più grigia. Alla sera, quando ci sono i concerti, è poi un delirio: macchine in doppia e tripla fila, gente isterica. Ma si riesce a trovare un posto a tutti. Anche a una Porsche Carrera nera. Una macchina costosa, da arricchito. Nino fa segno di parcheggiarla lì, in doppia fila, che poi ci penserà lui. La portiera di destra è la prima ad aprirsi. Scende una ragazza dell'Est. Bionda, alta, ingioiellata. Poi dal finestrino del guidatore sbuca un braccio con un Daytona al polso. Chiavi in mano, consegnate a Nino. E una voce.
- Ciao, bastardo. Ti ricordi di me?
Nino non risponde, ma quella voce non gli è nuova. La faccia poi...
- Sono Efrem. Ti ricordi? Mi hai fregato il Moncler quando eravamo a scuola. Hai visto com'è la vita? Io sono qui con la Porsche e una superfiga, tu sei solo un parcheggiatore.

Sul viso di Nino improvvisamente appare qualche macchia verde, ma l'oscurità della sera le nasconde.
- Sangue freddo, ci vuole sangue freddo - ordina a sé stesso.
Riesce addirittura ad abbozzare un finto sorriso.
- Eh sì, caro Efrem. Ti sei preso la rivincita. Acqua passata... E buon concerto.
Pochi minuti dopo, la via è un deserto. Macchine qua e là, sala del Conservatorio esaurita. Si sentono solo le melodie dei violini e qualche rullio di tamburi. Tutto qui. Nino improvvisamente chiama il collega Marcello.
- Vado via per un po'. Pensaci tu.
E nel locale di via Lancetti, alla riunione dei Viking, Nino ci arriva con un'ospite bellissima. La Porsche nera. Si respira anche aria di festa, perché Andrea ha finito il militare dai Carabinieri e, dulcis in fundo, c'è pure da scaricare la pistola d'ordinanza, piena di colpi, che dovrà essere restituita il giorno dopo.
- Dai Andrea - dice Nino - salta su che andiamo a fare i botti. Ma fai alla svelta...
- Cazzo Nino, ma chi ti ha dato questa macchina. È tua?
- Non fare domande, salta su.
Dopo pochi minuti, Nino e Andrea sbucano in un enorme campo alla periferia di Milano. Andrea tira giù il finestrino ed estrae la Beretta 92S.
- No, aspetta - urla Nino -. Spariamo a un bersaglio.
- Quale?
- Questo.
Andrea, attonito.
- Ma sei pazzo? Dobbiamo sparare alla macchina?
Quindici colpi, quindici buchi sulla carrozzeria. All'uscita del concerto di via Conservatorio, ci sono una Porsche crivellata in

seconda fila e un pirla che piange a dirotto.
- Che cazzo è successo?
- Non lo so - risponde Nino - tu me l'hai consegnata così...
- Figlio di puttana, adesso ti ammazzo.
Nino prende per il collo Efrem.
- Pezzo di merda, arricchito e infame. Se vuoi, vammi a denunciare. Se invece vuoi risolverla qui, sono pronto.
La mano destra di Nino stringe in una morsa la gola di Efrem, lo alza una spanna da terra, mentre la ragazza bionda, con sguardo quasi compiaciuto, si allontana e sparisce nel buio.
- Lasciami stare! Lasciami stare! - strilla Efrem, paonazzo.
Nino allenta la presa e la Porsche, con quindici buchi, abbandona il parcheggio. Il mattino dopo c'è una visita. Non sono né i carabinieri né la polizia. Ma è la ragazza vista la sera prima accanto al vecchio "amico" Efrem.
- Ciao, ci siamo visti ieri sera...
- Sì - risponde Nino - mi ricordo benissimo di te. Eri con quel signore della Porsche nera. Ma perché te ne sei andata?
- Non vedevo l'ora di liberarmi di lui. Sai, io sono una di quelle e lui mi affitta per serate particolari. Nulla di eccezionale, gli servo per mettersi in mostra. Sai, Efrem vende immobili di prestigio e si è arricchito. Il mattone tira sempre...
- Eh sì, cara mia, il mattone tira. Che fai questa sera?
- Niente.
- Allora ti porto fuori io.
Nino, qualche ora dopo, telefona alla ragazza. L'appuntamento è rimandato. Quella sera, infatti, il gruppo dei Viking si deve radunare per preparare la trasferta di Torino con la Juventus, quella che tutti aspettano da qualche mese.

13.

IGNAZIO E LA VECCHIA

- Voglio acchiapparli. Me ne fotto della polizia. Dobbiamo andare noi da loro e basta. Niente treni, niente pullman. A Torino si va in macchina, senza sciarpe e tranquilli. Per non farci sgamare dalla polizia bisogna uscire al casello prima. D'accordo?
Per i ragazzi della Nord è la prima trasferta a Torino in auto. E la novità eccita il gruppo. A tal punto da tenerli fuori una notte intera.
- Che facciamo? - domanda Nino ai suoi amici.
C'è chi propone di andare alla Pelota in via Palermo. La maggioranza, in coro, boccia l'idea.
- Sono un posto e una zona di barboni. E poi c'è quel bar all'angolo, squallido, che mette tristezza anche quando ha giù le saracinesche. Che schifo!
Alla fine si torna all'antico: piazza Prealpi e la partita di calcio. C'è chi si buca in un angolo della piazza.
- Gianni, guardalo - dice Nino -. È Ignazio. Te lo ricordi? Quello che veniva da noi in curva un paio d'anni fa.
Gianni sa benissimo chi è quel ragazzino smilzo, schivo, timido. E gli va incontro.
- Ignazio, che cazzo...
Improvvisamente il braccio bucato crolla a terra insieme al resto del corpo. Ignazio trema, ha la bava alla bocca, si volta e tende la mano sinistra a Gianni. È una disperata richiesta d'aiuto.

- Chiamate un'ambulanza. Ignazio sta male!
Sono le undici di sera, la cabina del telefono più vicina è fuori uso, distrutta da qualche vandalo. L'unico cellulare della compagnia è scarico. C'è però una signora affacciata al secondo piano di un palazzo che dà sulla piazza.
- Signora, per favore, chiami un'ambulanza, c'è un ragazzo che sta male.
Nessuna risposta. Anzi, la tapparella si abbassa bruscamente. L'ambulanza non arriva e Ignazio passa un paio di minuti tra le braccia dei suoi vecchi amici, gli unici che nei suoi vent'anni di vita lo avevano fatto sentire importante. Era bastato un coro nello scompartimento di un treno speciale diretto a Verona per farlo sorridere, lui che non rideva mai per i suoi denti neri. "Oh Oh piccolo Ignazio, Oh Oh piccolo Ignazio". Il ragazzino che prima tremava, ora sorride. E stavolta non si nasconde la bocca con le mani. Ciao. Per Milano è una giornata nera. Tre morti di overdose nell'arco di un paio d'ore. I distributori di morte hanno tagliato male l'eroina: un errore letale.
- So chi sono. Una sera - dice Nino agli amici - ho visto Ignazio comprare la roba qua vicino. Era un tipo alto, ricciolino. Lui vendeva e un altro lo aspettava in macchina. Torniamo qua domani...
Il giorno dopo, Nino e quattro suoi amici sono di nuovo in piazza, ma stavolta senza pallone. Non hanno voglia di giocare a calcio. Vogliono solo beccare quello lì. Neanche un giro e...
- Eccoli! Li vedete. Uno in macchina e uno fuori. È lui, è lui.
Nino scende e si avvicina.
- Attento - gli dice Giorgio - quel bastardo sta mettendosi le mani nei pantaloni. Occhio che è accavallato.
- Non me ne fotte un cazzo.

Nino cammina veloce nel buio, è sempre più vicino: sguardo fisso. Il tipo alto non può più bluffare, improvvisamente si mette a saltellare su se stesso. Si guarda intorno, nervoso, e poi strilla al socio.
- Dai scappiamo!
Nino lo afferra per un braccio, ma non riesce a evitare il tuffo di quel bastardo dentro l'Alfetta, che sgomma e scappa. Abbastanza per sfuggire a Nino, non abbastanza per sottrarsi al tiro a segno. I vetri del lunotto posteriore scoppiano. La macchina sbanda, ma fa sponda su altre vetture parcheggiate e torna in strada.
- Forse l'ho preso, pezzo di merda!
Ignazio, però, non c'è più. Funerale alla Comasina. C'è chi si inginocchia e tira pugni sul muro della chiesa, piangendo. Chi mette sulla bara una sciarpa dell'Inter. I ragazzi si stringono attorno al piccolo, sfortunato amico che non ce l'ha fatta. In tre tornano in piazza Prealpi e aspettano che il portone di un palazzo si apra. Si posizionano sul pianerottolo del secondo piano e aspettano. Alle undici e trenta dall'ascensore sbucano due borse della spesa e una signora sui settanta.
- Vecchiaccia, ti ricordi di noi? In questo momento Ignazio sta andando sotto terra e tu sei ancora qui. Apri la porta!
La signora che aveva abbassato le tapparelle ora deve aprire la porta di casa. "Aiu...". Il grido, disperato, d'aiuto viene bloccato da una mano che le tappa la bocca. Non c'è niente da fare, l'urlo ritorna in gola. Gli ospiti legano la padrona di casa a una sedia e iniziano a cercare.
- Ecco, questa può andare bene.
È la foto del marito in camera da letto, con cornice d'argento e fiori freschi in una bottiglietta a pochi centimetri.

- Strappala! - grida uno dei tre - e buttala nel cesso, stronza!
La foto di quell'uomo baffuto, ridotta in coriandoli, si dissolve nelle fogne milanesi.
- Ricorda, sappiamo chi sei... Non fare cazzate. Intesi?

14.

LA BEFFA DELLO STRISCIONE

Arriva il giorno della trasferta più attesa dell'anno. Si va a Torino. Le macchine sono una decina e il viaggio scorre tranquillo. Tutto come previsto, polizia evitata.

- Dividiamoci in gruppi. Quattro, cinque alla volta. Nessuna sciarpa e niente stronzate. Ci ritroviamo al bar vicino allo stadio, poi andiamo a beccarli sotto la loro curva.

Nino cammina e prega perché tutto fili liscio. Lui e i suoi amici hanno studiato la trasferta da settimane. Sono dieci minuti interminabili, c'è la paura che la polizia scopra tutto. Invece no. È il momento di andare di là. Due ragazzi si fermano nel bar e custodiscono lo zaino dove c'è lo striscione. Per gli altri è via libera. Ancora centocinquanta metri e Nino è lì, sotto la curva degli juventini.

- Eccoci, bastardi!

Lo scontro è violento. Un minuto, non di più. Due dei capi della tifoseria bianconera vengono accoltellati. La gente grida, la polizia spara i lacrimogeni e carica. Avvolto dal fumo e dalla folla che scappa impazzita, il gruppo di Nino si dilegua per ritrovarsi di nuovo al bar. Non sanno ancora che sorpresa li aspetta.

- Cazzo - dice Dario a Nino - guarda come li hanno conciati.

I due ragazzi lasciati a guardia dello striscione sono stati circondati e menati dagli juventini. E lo striscione non c'è più. Un coro assordante che Nino sentirà rimbombare, per tutta la partita, nel-

le sue orecchie. Non si dà pace, vorrebbe andare di là a riprenderselo, ma ormai la polizia ha creato un cordone impenetrabile. Striscione rubato, partita persa. Nino è una belva ferita.
Per gli ultras juventini presenti a Milano inizia un periodo difficile. Sono braccati, costretti a scappare. Si giustificano.
- Sono stati quelli di Torino, noi non possiamo farci niente.
E così Nino "quelli di Torino" li deve andare a trovare. Ma, per il faccia a faccia, deve aspettare il prossimo Inter-Juve. Che arriva puntuale come, puntuali, arrivano da Torino due pullman di ultras. Nino, però, questa volta sceglie di agire da solo. Sa che è una missione impossibile e non vuole mettere gli amici nei guai. È una storia che deve risolvere lui. E basta. Un coltello in mano, un muro alle spalle, un centinaio di nemici di fronte.
- Sono venuto a riprendermi lo striscione. Chi è il primo? Dai, fatevi avanti.
Gli ultras bianconeri sono a due metri da Nino, lo circondano, ma nessuno ha il coraggio di farsi avanti. Il primo morirebbe, aperto in due, il secondo anche. Dal terzo in poi, forse, lo farebbero a pezzi. Già, ma i primi due... Il rischio è troppo grande, la lama di Nino è affilata, lunga e soprattutto cattiva. Nessuno si muove. Nino li sfida ancora.
- Allora? Dai che sta arrivando la polizia...
I ragazzi della Juve si fanno da parte: nel piazzale che ospita i pullman dei tifosi ospiti cala un silenzio irreale. Gli juventini hanno portato lo striscione rubato, da esporre a San Siro. Uno striscione vissuto, con tante macchie bianche. Quelle di Coppola, uno dei ragazzi dei Viking, che lo custodiva gelosamente per nasconderci sotto un videoregistratore, regalatogli proprio da Nino. Non voleva farsi beccare dalla mamma mentre vedeva le cassette porno. Sì. Lo striscione lo teneva sempre lui, perché era

sia un comodissimo nascondiglio di vhs sia un'inesauribile scorta di fazzoletti. Per Nino quello striscione è invece il simbolo del suo gruppo e, per questo, è andato lì a riprenderselo. Da solo. Scattano le manette, si apre la portiera posteriore della volante della polizia. Nino non oppone resistenza e si consegna alle forze dell'ordine. I suoi nemici non gli urlano niente. Ce n'è solo uno che, in segno di scherno, tira fuori dallo zaino parte dello striscione e lo bacia proprio su una di quelle chiazze bianche...
Per Nino pochi mesi di carcere non possono cancellare la rabbia verso i tifosi che più disprezza ma, durante la casanza, conosce un altro tipo di persone che non gli vanno assolutamente a genio. Tutti lo rispettano. Una certa parte di detenuti politici, invece, no. Mezze frasi, parole sussurrate. Il concetto è chiaro.
- Io sono uno che ha cercato di cambiare l'Italia, tu sei uno sfigato che sei finito in galera per il calcio.
E così Nino, ogni giorno che passa, diventa sempre più nervoso.
- Guarda che testa di cazzo. Si sente un professore, invece è un assassino. Ha ammazzato un vecchio - dice Nino durante l'ora d'aria al suo compagno di cella.
- Oltre a essere un assassino - aggiunge il compagno di cella - è pure un collaboratore dei servizi segreti. Lo sappiamo tutti qua dentro. Pensa, anche in Marocco avevano fatto vedere in tv le immagini del ritrovamento del corpo di quel politico... Eppure, dopo quattordici anni, questo stronzo è in semi-libertà, ti rendi conto?
Nino si ferma e guarda Karim, fisso negli occhi.
- Davvero? E perché non me lo hai detto subito?
- Per non farti passare dei guai. Ho capito che tipo di persona sei...
Al rientro in cella, Nino non mangia. Poi, prima di addormentar-

si, fa una domanda.
- È domani che andiamo al secondo piano per il giornale del carcere?
- Sì, ma fai il bravo. Mi hai già fatto pentire di avertelo detto.
Il giorno dopo, alle sedici, la redazione del giornaletto del carcere è al lavoro. Si chiude un nuovo numero. Nino ci ha scritto pure una poesia. Neanche il tempo di rileggerla che, dall'angolo della stanza, un detenuto urla.
- Che cazzo hai da guardarmi con quella faccia da pirla?
Nino tace. Si gode lo scontro tra l'ex Nar e l'ex Br, tra l'irriducibile e il pentito. Quest'ultimo si getta alla porta e chiama le guardie.
- Voglio essere spostato. Oppure spostate lui. Quello è un pazzo, un fuori di testa.
Nino osserva la scena e si avvicina a quel terrorista che ha il complesso di superiorità. Lo guarda fisso negli occhi.
- Allora è vero, terrorista dei miei coglioni. Sei solo un omino, una spia...
Per Nino si chiude la carriera da redattore del giornale del carcere, ma in cella si festeggia comunque perché Karim il giorno dopo esce. Nino invece deve aspettare ancora un po'. Un paio di mesi.
Settembre 1996. Nino riparte da dove aveva lasciato la libertà. Dallo stadio, dall'ossessione di riprendersi lo striscione. Che non arriva mai, perché "sono stati quelli di Torino". Nino però non vuole più sentire ragioni. E una sera si presenta con alcuni amici alla riunione degli ultras juventini a Milano.
- Facciamo così. Adesso mi date il vostro striscione e anche la gestione dei biglietti. Vi sta bene?
- Sì.

15.

CON LA PANCIA APERTA

Gli juventini sono sistemati, i soldi tornano a girare, ma torna anche il vecchio vizio. Nino vive di notte, sempre al limite e sempre con tanti soldi. Soldi facili. Gestire i biglietti degli ultras della Juve gli dà gusto. E quella moneta la brucia nelle cose più inutili. Come nei locali di corso Garibaldi che, in pochi anni, si trasformano da squallidi trani a tiratissimi bar, luoghi simbolo della Milano by night. La cocaina lì dentro scorre a fiumi. Ce n'è per tutti. Quella che era la droga dei ricchi è diventata la droga di ogni classe sociale. Se la possono permettere anche i camionisti di periferia. Ce n'è uno che, una sera, ne pippa in quantità industriale. In più ci beve sopra. Il sabato è giornata dedicata allo sballo anche per i cani sciolti che si mischiano agli habitué delle notti milanesi. Facile sentirsi un fenomeno: pasticche, coca, alcol. Proprio come accade al camionista. Pelatino, neanche trentenne, proiettato con qualche lira in tasca da una casa popolare dell'hinterland al centro di Milano: balla con tre amici, guarda le modelline che non gliela daranno mai. Ma intanto si sballa. E ci crede. Si sente forte, sempre più forte. Ogni tanto esce a fumarsi una sigaretta. Poi rientra. Alle due di notte è ancora fuori. Accende l'ennesima Marlboro proprio mentre arriva Nino che, a quell'ora, entra nel locale. Il camionista barcolla e prende dentro Nino.

- Vaffanculo, ubriacone.

Nino prosegue per un paio di metri, poi sente la sua schiena paralizzarsi. E poi ancora il fianco destro, una fitta terribile.
- Che cazzo hai fatto, bastardo?
Il sangue schizza fuori dalle ferite, profonde e letali. Nino appoggia la mano destra all'altezza del fegato, poi si scaraventa sul camionista, lo colpisce a pugni in faccia. Ma questa volta non è lucido. Nino vede rosso. È annebbiato. Uno, due, tre, dieci cazzotti. Che via via perdono d'intensità. Non ci vede più. Il camionista è a terra, tramortito, ma si rialza e si allontana portando con sé il coltello ancora sporco. Nino, piegato su se stesso, vomita sangue. Si tocca ancora all'altezza del fegato e si ritrova tra le mani una cosa calda. Nella rissa gli è uscito parte dell'intestino. Sviene. Il suo corpo invincibile stavolta è offeso, circondato dal sangue. Il camionista sparisce nel nulla mentre Nino viene caricato su una macchina. Il Fatebenefratelli è a poche centinaia di metri. Vicino. Come è vicina la morte. Per due notti, Nino lotta. Poi riapre gli occhi. E, al di là del vetro, scorge gli amici di sempre. "Rieccomi" sembra dire con lo sguardo. Una settimana, due settimane. La ripresa è miracolosa. Giorgio e Alessandro parlano con un'infermiera.
- Ci scusi, come sta Nino?
- Un disastro...
- Ma come? Il dottore ci aveva detto che ormai è fuori pericolo.
- No, ragazzi, è un disastro per noi. Ma di cosa è fatto il vostro amico, di ferro? Stamattina e anche ieri abbiamo dovuto bucarlo dieci volte per fargli entrare la flebo. Gli aghi si spezzavano.
Giorgio e Alessandro ridono. Nino sta per tornare tra loro.
Il ragazzo di Quarto Oggiaro, al rientro a casa, riceve però una visita poco gradita. Un commissario di polizia lo aspetta sull'uscio di casa.

- Nino, devo farti delle domande.
- Ok. Fate pure.
- Devi dirci il nome di chi ti ha accoltellato.
- Non lo so. E comunque non ve lo direi.
- Nino, guarda che sei indagato per rissa aggravata e, con tutti i precedenti che hai, rischi di finire di nuovo in galera.

E così succede. Per Nino si riaprono le porte del carcere. Due anni. Nella cella sono in dieci. Nove ospiti fissi, più uno di passaggio. E un giorno si libera il letto per gli ospiti. E' destinato a un ragazzo austriaco, arrestato per gli incidenti in piazza Duomo prima di una partita di coppa dell'Inter. Le pagine delle cronache milanesi riportano la foto simbolo di quegli scontri: un carabiniere portato via a braccia dai colleghi dopo essere stato picchiato dai tifosi austriaci. Nino aspetta con curiosità il ragazzo. Intanto, come segnale distensivo, gli apre il Corriere della Sera sulla branda.

- Buongiorno a tutti - dice sommessamente l'ospite, a testa bassa, mentre fa il suo ingresso nella cella.
- Ciao - risponde Nino, l'unico a salutarlo - parli italiano?
- Sì, mia madre è di Udine e ho fatto per vent'anni le vacanze a Jesolo.

Manfred è simpatico e Nino gli offre un the.

- Sai, io sono un tifoso dell'Inter...
- Davvero?
-...Ma mi sei simpatico. Certo, se ti avessi acchiappato allo stadio. Però, in fondo, sei un ultrà come me. Quindi...

Il giorno dopo c'è la gara di flessioni all'interno della cella. Nino non ha mai voluto farla. C'è Jimmy che è imbattibile. Il record è 156, di seguito.

- Dai Nino. C'è anche lo straniero oggi con noi. Una gara inter-

nazionale. Non puoi mancare.
- Ok, va bene
Comincia Manfred: 22. Poi Rocco: 15. Poi Antonio: 4. Jimmy si ferma a 100, cifra tonda. Nino arriva a 45. Secondo, non male per un debuttante. Allora Nino rilancia.
- Va bene, Jimmy. Sei imbattibile nelle flessioni. Ma adesso devi sfidarmi a braccio di ferro.
Tre a zero per Nino. Jimmy non la prende bene e Manfred capisce la situazione.
- Scusatemi se mi intrometto. Ho visto che c'è qui una scacchiera. Chi vuole sfidarmi?
Manfred batte tutti e nove i compagni di cella, furbescamente fa terminare secondi ex-aequo Nino e Jimmy. A loro fa scacco matto in dieci mosse, per gli altri ne impiega da quattro a sei.
- Uno è il campione delle flessioni. L'altro è il campione di braccio di ferro. Negli scacchi siete secondi alla pari. Meglio di così...
Manfred alla scacchiera è un genio. Nino capisce che quel ragazzo non c'entra nulla con la realtà del carcere. Lo vede passare intere giornate su un libro di anatomia. E' scritto in tedesco e glielo ha portato la mamma.
- Sai, Nino, è uno degli ultimi esami che mi manca per la laurea in medicina all'Università di Vienna. I miei genitori sono entrambi medici. Un vizio di famiglia.
Nino gli mostra la cicatrice sulla pancia.
- Che intervento ti hanno fatto? chiede Manfred.
- Mi hanno rimesso dentro un po' di intestino - risponde Nino.
- Sì, l'ho visto fare anch'io. Ce lo hanno mostrato in uno dei corsi all'Università. Sarai stato sotto i ferri almeno tre ore...
- Tre ore e mezza.

Manfred resta in carcere dieci giorni, poi viene rispedito in Austria. Nino lo saluta e il ragazzo si mette a piangere.
- Ti regalo il libro di anatomia. Se vuoi imparare il tedesco... Io ormai - sorride - conosco a memoria sia la lingua sia il testo. Adesso non mi resta che fare l'esame e prendere il massimo dei voti. Così i miei genitori saranno un po' meno incazzati con me. Grazie di tutto, Nino. Non ti dimenticherò mai. Ciao, teppista.

16.

FESTA DI COMPLEANNO

La galera di Nino sta per finire. Le porte del carcere si riaprono, in uscita, proprio quando sta sbocciando la primavera, la stagione degli amori. E infatti spunta una ragazza che a Nino piace moltissimo. E' milanista, frequenta la Sud, ma questi sono dettagli. Il compleanno di Elena è un'ottima occasione per conoscersi meglio.
- Nino, vuoi venire alla mia festa?
- Certo. Guarda che porto con me anche Darietto. Sai, non conosco nessuno...
- Va bene, non ci sono problemi. Allora ti aspetto in quel locale in zona Brera.
- Sì, sì, so dov'è. Io ci sarò.
Alla festa di compleanno, Elena ha invitato gli amici della curva e anche una decina di persone che abitano nel suo condominio, la metà sono finanzieri. Intanto c'è un pomeriggio che divide Nino dall'appuntamento che più aspetta.
- Giorgio, ti vengo a prendere alla Sormani. Mi accompagni a fare un giro in centro?
Nino non sa che a Milano è diventato un personaggio conosciuto. Va alla cassa di un bar vicino alla biblioteca per pagare due caffè: il suo e quello di Giorgio.
- Quanto?
- Mille lire.

- Aspetti che guardo se ho della moneta. Trovate!
Il cassiere bisbiglia.
- No, queste sono cinquecento lire. Comunque va bene così.
Nino esce dal bar e Giorgio si avvicina alla cassa.
- Faccio io. Ecco le altre cinquecento lire, il mio amico si è sbagliato. Capita.
- No, no. Meglio lasciar perder, altrimenti quello lì...
- Quello lì, cosa? chiede Giorgio.
- I giornali io li leggo tutti i giorni. E quella faccia - risponde il cassiere, a bassa voce - l'ho già vista.
Dopo il caffè, Nino e Giorgio vanno a cercare il regalo per Elena. Non comprano nulla. Alla seconda vetrina, Nino ne ha già abbastanza.
- Ma che cazzo me ne frega. Se me la vuole dare bene, altrimenti...
La festa inizia. Musica, salatini, birre, Negroni. Nino e Darietto arrivano a mezzanotte. In ritardo. Colpa di Darietto, impegnato in un torneo di freccette puntualmente vinto. I suoi tiri sono praticamente perfetti, risultato di migliaia di ore di pratica. A Milano, nessuno batte Darietto da una decina d'anni. Al Racanà, pub di via Sannio che stava alle freccette come Wimbledon sta al tennis, i tornei duravano ore... Tutti i giorni, sempre con lo stesso vincitore. Chiuso il Racanà, le freccette trovano spazio negli angoli delle bische.
- Nino, stasera ho fatto il mio miglior punteggio degli ultimi due anni. Guarda qui cosa ho vinto.
Le tasche dei pantaloni sono piene di soldi.
- Sono due milioni di lire! Li ho fottuti a un camionista olandese che diceva di essere stato campione del suo paese. Non era male, ma oggi non ce n'era per nessuno...

- Basta, Darietto, non puoi parlare sempre e solo di quel gioco. Dai, entriamo che ci aspettano.
- Ciao Nino. Grazie di essere venuto - dice Elena.
Darietto, stranamente, tace. Non si sente a suo agio e, in un orecchio, sussurra a Nino.
- Ci sono dei tipi strani. Sembrano quasi degli sbirri. Ma 'sta cazzo di Elena non è una della Fossa? Che c'entrano quelli lì con noi?
- Dai Darietto, lascia perdere. Beviamoci una birra.
Nino, però, una faccia amica la trova. E' quella del gestore del locale.
- Nino, che piacere vederti.
- Ciao, non sapevo che questo locale fosse tuo.
- No, io curo soltanto la gestione. Magari fosse mio. Vuoi un'altra birra?
- Più tardi.
Elena ha occhi solo per Nino e si fa avanti.
- Allora, me lo fai o no questo regalo?
Nino guarda Darietto e i tre scoppiano a ridere. Per poco. Perché, dal fondo della sala, uno di quegli strani tipi urla.
- Il portafogli. Chi mi ha rubato il portafogli?
Nel locale ci sono una cinquantina di persone, ma lo sguardo dell'incazzatissimo finanziere è indirizzato solo a Nino.
- Sei stato tu?
- Che cazzo vuoi da me.
L'uomo, sulla quarantina, si avvicina a Nino.
- Vieni di là, devo parlarti.
Nino lo segue. Escono dal salone, percorrono un corridoio in fondo al quale c'è uno stanzino. Darietto se ne sta accanto a Elena e pensa.

- L'avevo detto io che qui c'era gente di merda, che finivamo nei guai. Porca puttana.
Elena è impietrita, la sua festa non sta andando come si aspettava.
- Che idea del cazzo invitare quei cinque coglioni – pensa.
Tre di questi non sono più nel salone. Aspettano Nino dietro la porta.
- Allora, tira fuori il portafogli che mi hai rubato.
Neanche il tempo di rispondere. Nino si ritrova la faccia aperta da una sgabellata.
- Pezzo di merda. Qui non sei allo stadio.
I tre tornano nel salone, soddisfatti della loro azione.
-...E occhio, Elena. Non finisce qui. Dì al tuo amichetto che il portafogli deve spuntare fuori. Noi ce ne andiamo, fattelo dare tu.
La porta d'uscita è chiusa a chiave.
- Aprite! - gridano.
La gente se ne è andata. Non c'è più nessuno. Sono rimasti solo Nino e Darietto, con le lame. Uno dei cinque tira fuori il tesserino da finanziere e lo punta verso la faccia di Nino. La risposta è una coltellata sul culo. E poi un'altra sulla gamba destra. E ancora su quella sinistra. E via con gli altri. Nino e Darietto tagliano cosce e glutei. Sul tavolo dei salatini ci sono chiazze di Coca Cola e schizzi di sangue. Bloccati, senza vie di fuga, i finanzieri crollano uno a uno. Quando arriva la polizia, Nino e Darietto sono già fuori dal locale, mischiati tra la folla di curiosi. Il gestore non ha visto nulla, così come Elena. Per la polizia è scoppiata una rissa, una delle tante risse del sabato sera. E poi sono scappati. In realtà Nino e Dario sono lì, fuori dal locale. E contano i feriti portati fuori in barella.

- Uno, due, tre, quattro, cinque. Cazzo, Darietto, li abbiamo presi tutti. Ma l'ultimo lo hai fatto un po' troppo alto, al torace. Speriamo non gli succeda un cazzo, altrimenti ci vengono a rompere i coglioni.
Il giorno dopo, Elena incontra Nino.
- Sai, ieri sera alla mia festa c'è stato un rissone... Pensa che alla fine hanno deciso di non fare denuncia per non finire nei guai. Io e il gestore del locale abbiamo detto alla polizia che avevano cominciato loro, che avevano ferito uno di quelli che poi è scappato. E loro, per evitare guai con la Finanza, hanno lasciato perdere. Preferiscono passare per le vittime. E poi, con tutta la coca che hanno pippato, se gli fanno un esame del sangue sono fottuti. Dai, adesso vieni a casa mia per farmi il regalo che avevi promesso.

17.

LA SCROCCONA

La vita sentimentale di Nino è complicata quanto la sua fedina penale. Il capitolo Elena viene subito chiuso. E se ne apre un altro. Sempre di corsa, sempre a mille all'ora, le giornate di Nino sono scandite da orari assurdi. Pranzo alle undici e trenta, cena alle diciassette: in carcere come nella vita in libertà. E poi le notti... Anche le ragazze cambiano velocemente. Fino a quando, un giorno, andando a trovare un suo amico all'ospedale, Nino si imbatte in Jolanda. Venticinque anni, accento bergamasco, accudisce un signore molto malato che sta proprio nel letto di fianco a quello di Walter. Nino aspetta che Jolanda esca dalla stanza.
- Walter, che bella figa. Sai qualcosa di lei?
- Ci ho parlato un paio di volte, mi sembra simpatica e sveglia.
Il giorno dopo per Nino c'è una sorpresa.
- Come va, Walter?
- Bene, domani mi dimettono. Pensa, ho rischiato la peritonite. Guarda qui cosa ho per te. Prendi.
Walter tira fuori dalla tasca dei pantaloni del pigiama un pezzettino di carta rosa. È la parte superiore di una pagina della Gazzetta dello Sport. C'è scritto, a penna, un numero di cellulare.
- È il suo? domanda Nino.
- Sì, chiamala subito.
Nino è attratto dalla bellezza mediterranea di Jolanda. La invita

a casa e lei ci va. Ma non gliela dà, solo baci. Jolanda beve, fuma, si diverte. E il suo cellulare squilla ogni minuto. Messaggini di chissà quale sfigato, telefonate che restano senza risposta. È bella e furba. Sembra quasi la protagonista di un video-game. Più sms ricevuti, più punti.
- Dai - chiede a Nino - portami al mare.
Nino sta al gioco, non gli è mai successo di imbattersi in una ragazza del genere. E si ricorda di un hotel a Milano Marittima, dove era andato a trovare un suo amico pugile, in ritiro con altri dilettanti. Posto splendido, buon prezzo. A inizio giugno è ancora bassa stagione...
- Ok. Domani passo a prenderti in moto. Il casco per te ce l'ho io.
Durante il viaggio, Jolanda si stringe a Nino. L'autostrada vola via. Dopo tre ore l'afa di Milano è alle spalle.
- Buongiorno, desiderate?
- Una camera doppia. Ho chiamato ieri e l'ho prenotata...
- Ah, ricordo. Perfetto. Camera 212.
- Ma come? - sbotta Jolanda -. Come ti permetti, per chi mi hai preso? Io voglio una stanza per me.
Nino, preso in contropiede, si arrende.
- Va bene. Possiamo fare due singole, invece di una doppia?
L'addetta alla reception sorride e trova intelligentemente una sorta di compromesso.
- Allora vi do la 313 e 314. Almeno sono di fianco.
Nino non ha mai picchiato una donna e mai lo farà. Però è incazzato nero. Unica cosa positiva i venti gradi di Milano Marittima, l'ideale per farsi un riposino sul letto della stanza 313. Toc, toc. È Jolanda...
- Dai Nino, passiamo tutta la giornata a letto. Facciamoci porta-

re la cena in stanza.
Champagne, ostriche, ma ancora niente sesso. E sempre quel cellulare che squilla in continuazione... Due giorni scorrono veloci. Dopo una strage di gamberi e ostriche, Nino e Jolanda sono attesi dalla seconda notte in albergo.
- Jolanda, stasera non mi sento bene. Direi che è meglio che io dorma da solo. Ci vediamo domattina alle dieci per la colazione.
- Va bene, però facciamo alle dieci e trenta. Ho tanto sonno e sono già le due.
Alle dieci e quaranta Jolanda è l'ultima persona ad entrare nel salone dove si fa colazione. I camerieri stanno sparecchiando i tavoli. Jolanda mangia un po' di salmone, beve una spremuta e sale alla stanza 313. Bussa. Nessuna risposta al di là della porta. Allora, accende il cellulare. Nella notte ha ricevuto quindici sms e cinque telefonate.
- Questo no, questo no. Ma non c'è il numero di Nino!
La ragazza della reception osserva la scena e si avvicina con discrezione.
- Buongiorno signora. Guardi che il suo amico è partito stamattina alle otto.
- Ma come si è permesso di lasciarmi qui sola. A me? E lei cos'ha da guardarmi con quella faccia?
- Ehm. Volevo dirle che è stata pagata solo la stanza 313. Per la 314 deve pensarci lei.
Nino, durante il viaggio di ritorno, ride sotto il casco.
- Brutta troia. Chissà da quale stronzo ti farai pagare il conto?
Anche se carnevale è lontano, Nino curiosamente parcheggia la sua moto proprio di fronte a un negozietto nella zona sud di Milano che fabbrica maschere teatrali. In vetrina ci sono Pulci-

nella, Arlecchino e Pantalone.
- Buongiorno. Vorrei due parrucche e due maschere. Faccia lei, non mi interessa molto il colore, mi servono solo per una festa.
Uscito dal negozio, Nino tira fuori dal portafogli una tessera telefonica e si dirige verso la prima cabina del telefono.
- A posto. Ho preso tutto io. Ci vediamo domani.
Mentre sta parlando al telefono, Nino annota un numero di cellulare su un foglietto. Altra telefonata.

18.

POMPA DA CINQUEMILA LIRE

- Ciao, mi chiamo Nino. Scusami ma nella cabina del telefono ho trovato scritto il tuo numero e sotto c'era "Faccio pompe per 5.000 lire", sicuramente è uno scherzo di qualche tuo amico. Se vuoi cancello tutto...
- No, lascia stare. L'ho scritto io davvero. Sai, noi studentesse abbiamo bisogno di soldi. Vuoi incontrarmi?
- Ok. Ci vediamo in piazza San Babila sabato alle quindici, di fronte al McDonald's.
Per Nino l'appuntamento che conta davvero è, però, quello della festa in maschera.
- Ciao Arturo. Come sei puntuale. Allora, andiamo? Io ho maschere e parrucche, tu ce l'hai il resto?
- Non ti preoccupare, Nino, ho tutto.
La macchina imbocca la superstrada: destinazione Ipermercato.
- Eccoci, inizia la festa. Nino, prendi il ferro. Io entro con te. Guido ci aspetta fuori, in macchina. Occhio alla telecamera, dai mettiti maschera e parrucca. Entriamo, veloci. Via, via! Dai vai alle casse, che questo lo tengo fermo io. Fermi tutti, non urlate cazzo!
Tre minuti di lavoro, venti casse svuotate. Trenta milioni di lire. Nino ha il portafogli sempre pieno. Offrire il cinema alla ragazza conosciuta al telefono è l'ultimo dei problemi.

- Cazzo, eccola - pensa Nino vedendola di fronte al McDonald's -. Sì, è proprio lei. Camicia bianca, biondina, jeans.
- Ciao Valentina, sono Nino.
- Ah, ciao.
- Allora cosa vuoi fare? Vuoi andare al cinema?
- Sì, qui vicino c'è un film interessante.
Nino, il ragazzo che non ha paura di niente e di nessuno, stavolta è a disagio. Lei ha quindici anni, è bellissima, ma è anche pazza. Cala il buio in sala.
- Nino, mi tolgo la camicia?
- Ma sei fuori di testa? Qui davanti a tutti.
- Ma non ci vede nessuno, siamo in un angolo.
Nino non ci capisce più niente.
- Come è possibile - pensa - che una ragazza così si venda per 5.000 lire?
All'uscita del cinema, afferra Valentina per un braccio.
- Senti. Non so chi sei e non me ne frega un cazzo. Mi sembra tutto così assurdo. Sei carina, intelligente, non ti manca niente. Ma ti rendi conto? Cinquemila lire.
- Ma che cazzo vuoi? Mi vieni a far la morale. Allora perché sei uscito con me?
- Tieni, troietta, sono centomila lire. Prendile. Così non farai pompe a sconosciuti per un po' di giorni.
Proprio a San Valentino, dopo qualche mese, Nino incrocia la ragazza in Corso Vittorio Emanuele, pieno centro di Milano.
- Ciao Nino. Usciamo stasera? Non ti ho più rivisto da quel giorno.
- Va bene, Valentina. Solito posto, allora. Come la prima volta.
Nino ha passato tutta la sua gioventù tra calcio, cocaina, coltelli e pistole. Eppure con Valentina si sente battuto, vulnerabile.

- Valentina, è arrivato il momento di raccontarmi la tua storia.
La ragazzina ha gli occhi lucidi e comincia.
- Mia mamma ha divorziato quando avevo sei anni. È una brava donna, ha una sua vita sentimentale. Di mio papà ho perso le tracce, ma di mio zio, no.
- Che cosa vuoi dire?
- Voglio dirti che lui, alla fine, è diventato il mio papà. Ma un papà diverso, che mi ha insegnato tante cose...
Nino interrompe Valentina.
- Ho capito tutto. Quando ha cominciato a scoparti, quel bastardo?
- Avevo tredici anni.
Per tutta la sera Nino cerca di convincere Valentina a mollare lo zio, di dire tutto alla madre. Niente da fare. Rabbia e frustrazione non servono a nulla. Nino non è un educatore, non è un prete, non è un modello da seguire. Valentina sparisce dalla sua vita.
- Ecco, Nino. Queste sono le tue centomila lire. Riprendile.
Mentre torna a casa Nino prova un sentimento che mai lo aveva sfiorato. Abituato a prendersi tutto con la forza, stavolta ha dovuto lasciare Valentina al suo destino. Tra le lacrime.

19.

IPERMERCATI E CIMICI

Intanto continuano le spese all'ipermercato con qualche variante, come le rapine ai Tir. Stessa macchina, stessi compagni d'avventura, stessi bottini. Si arriva a dodici colpi. E si va per il tredicesimo. Solito sfondo desolante dell'hinterland milanese. File interminabili di capannoni, prostitute sulle strade anche alle dieci del mattino, camion parcheggiati qualche metro più in là, ghiaccio sull'asfalto fino ad aprile, cumuli di neve nera, che non si sciolgono mai, ai bordi delle carreggiate. E poi c'è l'ipermercato, immancabile. Un po' tutti uguali, pieni di soldi.
- Nino, sei pronto? gli dice Arturo.
- Vai tranquillo, tre minuti e siamo fuori.
- Cazzo, chi sono quelli. Scappa Guido, dai, via, via!
Nino e Arturo vengono bloccati a terra. Gli agenti in borghese li aspettavano nel parcheggio. Guido è fermato duecento metri dopo.
- Come avete fatto a scoprirci? chiede Nino, ammanettato, mentre viene tradotto in carcere.
Gli agenti non rispondono, ma all'ingresso in cella Nino trova la risposta. Nelle cronache locali dei quotidiani è spiegata, nei minimi dettagli, l'operazione delle forze dell'ordine che ha portato all'arresto di tutti i componenti della "banda dei Tir". Nessuna soffiata, ma uno scrupoloso lavoro investigativo, dalle intercettazioni ambientali alle cimici posizionate nella macchi-

na di Guido.
E così una nuova serie di giornate tutte uguali aspetta Nino. Gli piace leggere, qualsiasi cosa. Libri, ma anche i giornali cileni. Glieli passa Alejandro, uno dei suoi compagni di cella. La pagina preferita da Nino è quella dell'ippica. Scopre che a Santiago i convegni di galoppo durano il doppio di quelli italiani. Sedici corse, con una media di venti partenti a gara! Alejandro, in cambio, vuole bucce di banana per essiccarle al sole che per un paio di ore al giorno filtra attraverso le inferriate. Triturate, e mischiate al tabacco di sigaretta, le bucce risultano particolarmente gradevoli. Almeno a giudicare dalla faccia di Alejandro quando aspira...
Un giorno, verso metà pena, poco dopo l'una del pomeriggio, si sente un urlo provenire da qualche cella più in là.
- Nino. Stanno parlando di te al TG5!
- Che cazzo avrò fatto, questa volta?
Dopo un paio di minuti, due agenti con i passamontagna consegnano a Nino un mandato d'arresto. Sì, arrestato in carcere. Una doppietta che spetta solo ai fuoriclasse del crimine. Nino scopre di essere al centro di una complessa indagine sullo spaccio di droga allo stadio. "Ripulita la curva dell'Inter" è il titolo a nove colonne della Gazzetta, ripreso dalle telecamere. Poi, sotto, le foto della banda con il solito fondo tutto muscoli contro gli ultras. Arturo, il compagno degli assalti ai Tir, se l'è cantata. E ha fatto i nomi degli elementi di spicco della Nord. Per Nino gli anni di carcere si sommano in fretta. Ma "nel bene e nel male" lui è fatto così. Lo ripete sempre a sua mamma, quando va a trovarlo in carcere. E lo ripete anche a se stesso.
- Sei un teppista ma puoi andare a testa alta. Non hai mai tradito nessuno, non hai mai colpito alle spalle.

Una sorta di rosario recitato ogni giorno, in cerca di chissà che cosa, lui che è chiuso tra quattro mura. Per fortuna c'è la lettura.
- Nino, c'è qua un vecchio Corriere della Sera. È di una settimana fa. Lo butto? - gli domanda Alejandro, intento a mettere un po' d'ordine.
- No - risponde Nino - lascialo lì che gli do un'occhiata.
Chissà perché, decide di sfogliarlo subito. Prima le pagine dello sport, poi la cronaca locale. "Denuncia lo zio che la violentava. Valentina T., sedici anni...". Per Nino quella giornata in carcere diventa una giornata con il profumo della libertà ritrovata. Ancora prima che gli si riaprano le porte verso la vita. Le sue particolarissime preghiere forse hanno raggiunto chi di dovere. All'uscita dal carcere c'è ancora lo stadio ad aspettarlo. Gli amici veri sono lì. L'inchiesta sullo spaccio in curva, annunciata con tanto clamore sui giornali, si è via via sgonfiata. E poi il giudizio che conta, tra gli ultras, non è quello di tribunali o giudici. E soprattutto è l'esatto opposto di quello dei giornalisti. Nella Nord nessuno ha mai osato spacciare in curva. Le droghe, pesanti e leggere, a Milano si trovano dappertutto. Ogni strada ha il suo maledetto pusher. La Nord, per chi semina morte, è sempre stata off-limits. E il giudizio della curva, su Nino, non è ovviamente cambiato per colpa di un articolo di giornale. Semmai è cambiato Nino. Gli anni in carcere hanno finito per lasciargli qualche traccia. Non parla più al telefono, ma solo nei luoghi aperti. Si è trasformato in una Primula Rossa perennemente in fuga da un nemico invisibile che lo segue dappertutto. Anche a casa. Un giorno, rientrando nella propria abitazione, Nino trova il cane stranamente guardingo.
- Laika. Vieni che ti porto fuori.

Una, due, tre volte. Laika se ne sta in un angolo e guarda con insistenza la porta che dà sul salotto. Poi si avvicina a Nino, gli abbaia e va verso l'uscio. Una carezza e via! Laika corre, libera, nel parchetto di fronte a casa. Per Nino, invece, la libertà non è ancora del tutto riconquistata. Non sopporta il fatto di sentirsi braccato anche dopo aver pagato con la galera. Ma, giorno dopo giorno, Nino riesce a uscire da questa difficile situazione. E prova addirittura l'ebbrezza di alzare il telefono di casa e comporre un numero di quelli sicuramente sotto controllo. Chiama Alejandro, il vecchio compagno di cella.
- Ciao, sono Nino. Come stai?
- Ciao, che sorpresa...
- Senti Alejandro, ti aspetto a casa mia domani pomeriggio. Devo parlarti di una cosa. Allora, ascoltami bene. L'indirizzo è... Ok?
- Va bene. A domani.
Alle diciassette in punto, Alejandro arriva a casa di Nino.
- Ti ho chiamato qui così siamo al riparo da orecchie indiscrete e nessuno può ascoltarci. Alejandro, le cose non vanno benissimo. Ho bisogno di soldi e volevo capire se tu fai ancora le rapine. Volevo lavorare un po' con te, se vuoi.
- Certo, Nino. Però noi operiamo in Austria e Svizzera. Qui in Italia ormai siamo troppo conosciuti. Per me è ok. Per il prossimo colpo ci serve un uomo in più. Vogliamo ripulire la cassaforte del Casinò di Campione d'Italia. Può cambiarci la vita...
Nino e Alejandro sorridono, fanno un reciproco cenno d'intesa e si salutano. Prima della partenza per Campione d'Italia, però, si incontrano un'altra volta. All'interno della macchina di Alejandro, ricordano i dettagli dell'operazione. Orario, luogo, modalità d'azione, via di fuga, tutto nei minimi particolari. Il

giorno scelto è il 28 dicembre, tra Natale e Capodanno, quando la gente è carica di soldi e le cassaforti sono piene. Stavolta non è possibile fallire. Altri cinque o sei anni di carcere sarebbero una mazzata letale. Un ultimo faccia a faccia, a casa di Nino, prima di partire. Sono le sei del pomeriggio, il colpo è programmato per le nove di sera. Nino e Alejandro si siedono al tavolo e tirano fuori dal frigorifero un salame e una bottiglia di Lambrusco fresco.
- Ma no. Che cazzo stiamo facendo? Prima di lavorare si va ad acqua.
Mangiano, bevono, ridono. Due, tre bottiglie. Poi Nino chiede ad Alejandro.
- Vuoi il digestivo?
- Ma certo...
- Aspetta solo un attimo che vado a prenderlo.
Nino torna dallo sgabuzzino con una piccola scala e un cacciavite a stella. Poi, gradino dopo gradino, raggiunge lo split del condizionatore, posizionato sopra la porta del salotto. Alejandro sbotta.
- Ma è inverno. I filtri potresti pulirli tra qualche mese. Cazzo, hai un ospite in casa e lo tratti così?
Nino non risponde e svita il pannello.
- Ecco il digestivo. Guardalo qui....
Alejandro osserva la mano dell'amico dalla quale penzolano dei fili e un microfonino che Nino avvicina alla bocca.
- Ascoltatemi bene: fate rientrare pure i vostri uomini in caserma. Sono le dieci di sera e fa freddo... E la prossima volta, siate più furbi a mettere le microspie. Passo e chiudo.
Alejandro assiste al finale di un film che già conosceva. Poi prende sotto il braccio Nino e si fa accompagnare alla macchina.

- Eccolo qui, invece, il mio digestivo. Guarda che bella cimice sotto il cruscotto. Addio, amico mio. Ma ricordati che questa ce la faranno pagare, in qualche modo.

20.

AMICI DI VERONA

Nino invece se la cava. Viene addirittura contattato dai dirigenti di una squadra di pallacanestro di serie A.
- Senti Nino, noi siamo una realtà emergente. Abbiamo bisogno di pubblico, tifo e calore. Giochiamo quasi tutte le nostre partite evitando concomitanze con l'Inter e con il calcio. Se ci dai una mano, noi possiamo venirti incontro...
Sono parecchi soldi. Ma Nino non è una puttana e non si vende al primo che passa. Per lui c'è solo l'Inter. Non è un professionista del tifo. I soldi li deve fare con altre attività. Mette su una società di sicurezza e le cose vanno piuttosto bene. Fa lavorare i ragazzi dello stadio: concerti, discoteche, locali. Tutto molto semplice. E poi, con i suoi agli ingressi, gli amici ballano, bevono gratis e non fanno nemmeno la fila. Gli altri, invece, devono sottostare a rigidi controlli. Basta una maglietta con scritto Security per aver il diritto di aprire le borsette delle ragazze all'ingresso o per impedire a un laureando di entrare nel locale perché in bermuda. Eppure quei locali sulla riva dell'Idroscalo sono la meta sognata per una settimana dai ragazzi di Milano e provincia. Due torce, tre divani, un po' di sabbia... Che presa in giro! Un po' come il calcio moderno che, mentre Nino era in galera, è stato trasformato in pochi anni in uno sport di mercenari. L'attrazione tra giocatori e veline è la botta finale. Diventa quasi impossibile tifare per gente simile. Però restano

la bandiera, i colori. E soprattutto resta l'amicizia di chi, per anni, è stato fianco a fianco intere giornate sui gradoni di San Siro per il rituale della partita. Il gruppo di Nino è ancora lì. Forte più di prima. Tanti sono morti, tanti hanno mollato, tanti si sono aggregati. Al di fuori dello stadio sono sopravvissuti anche i viaggi con i lamieroni. Quello verso Verona è un classico. Anche perché, negli ultimi anni, è nata un'amicizia vera con le Brigate Gialloblù. Ma Verona ha seguito la stessa parabola del calcio giocato. Tutto nuovo, si cambia. Il vecchio gruppo che comandava in curva ha via via mollato. Le Brigate si sono sciolte, colpite dalle dure leggi repressive, mentre hanno trovato spazio le nuove leve. Una sera, dopo Inter-Parma, spareggio in campo neutro per andare nella Champions League 2000-2001, fuori dal Bentegodi si presentano una ventina di ragazzi veronesi. Chiedono di parlare con i vertici della Nord.
- Noi non c'entriamo niente con le vecchie Brigate. Siamo la Banda e sappiamo che eravate amici con il vecchio gruppo. Però non vi conosciamo e avete anche dei giocatori negri in squadra. Quindi...
- Quindi - interviene Nino - fate un po' come cazzo volete.
Il capo della Banda, forse per prenderlo in giro, gli dà del lei.
- Ma no, non ha capito. Dovremmo prima conoscerci.
Il discorso finisce qui.
- Dai andiamo - dice Nino al resto del gruppo -. Torniamocene a casa e voi fateci sapere cosa avete deciso.
La decisione, in realtà, è già stata presa. I veronesi vogliono rompere con gli ultras interisti. E viceversa. Basta con le chiacchiere. E' arrivato il momento dell'addio e l'occasione per dirselo in faccia è Verona-Inter. Nino e il suo gruppo arrivano puntuali all'appuntamento. Mancano diverse ore all'inizio del-

la partita e si fanno avanti. In borghese, silenziosi, senza sciarpe. Solita tattica. A piccoli gruppi, camminano verso la curva della Banda fino a quando vengono bloccati da un ragazzotto: testa rasata, bomber.
- Sono qui per i veronesi. Allora è deciso: basta amicizia. Anzi, se volete...
- Se volete cosa? Spiegati - gli chiede Nino.
- Se volete siamo pronti. Siamo lì dietro l'angolo. Cosa preferite? La Banda o...
- Mandameli qui tutti e due - tronca Nino.
Il ragazzo si volta e cammina, velocemente, verso la curva amica. Cento metri, non di più. Urla, cocci di vetro che si rompono a terra, petardi. Dall'angolo sbucano una cinquantina di veronesi. Sono organizzati, compatti, tutti uguali: sembrano fatti con lo stampino. A quell'ora non c'è polizia. Un solo cellulare, ma molto distante. Nino e i suoi sono pronti allo scontro. Si scaraventano sul gruppo rivale, spuntano le lame e anche qualcosa d'altro. I veronesi scappano, vengono inseguiti fin sotto la loro curva. Per un paio di minuti, la Banda è allo sbando. Un paio vengono accoltellati, altri si salvano scappando: scavalcano la recinzione ed entrano all'interno dello stadio. L'amicizia adesso è davvero finita. Ma per Nino è l'inizio di altri guai. Gli stadi non sono più il territorio franco che erano fino a metà degli anni Novanta. Nel 2000 sono pieni di telecamere che inquadrano anche le aree esterne, compresa ovviamente quella della curva dei veronesi. Così la polizia si ritrova in possesso delle immagini degli scontri, lo scrivono pure i giornali, e Nino si prepara ad affrontare altri giorni sul filo della galera. Lo cercano e arrivano fino a casa sua a suonargli il campanello.
- Apra, sappiamo che è dentro. Apra, o saremo costretti a but-

tare giù la porta.
Nino, che abita all'ultimo piano della scala D, si arrampica sulla grondaia del balcone come se salisse su una pertica. Tre metri di scalata per ritrovarsi sul tetto, la sua via di fuga. Cammina, mentre sente la porta di casa pian piano cedere. Tre appartamenti più in là, alla scala B, c'è una finestra aperta. Nino si cala sul balcone, entra in casa e sente la doccia aperta nel bagno. Via libera! Attraversa il salotto, apre la porta d'ingresso e scende dalle scale. Due, tre gradini alla volta. Quando le forze dell'ordine stanno entrando a casa sua, Nino è già sulla moto, in fuga dalla galera.

21.

FANTASMI GENOVESI

Sfumata la flagranza di reato, sfuggire al fermo di polizia nelle ventiquattro ore, significa aver salvato almeno momentaneamente la libertà. Per qualche giorno, però, Nino decide di cambiare aria. Ha il portafogli pieno di soldi, una moto veloce e, soprattutto, nessun impegno di lavoro. Senza volerlo, senza saperlo, senza meta, imbocca la statale che porta a Genova. Passa un pomeriggio a guardare il mare, seduto su una banchina del porto. E alla sera si addentra nei caruggi, solo ma libero, alla ricerca di una locanda. Ce n'è una, dove si bevono birre belghe. Nino ne ordina subito una. È l'unico, nel locale, che beve da solo. Sono tutti in compagnia, la maggior parte studenti.
- Scusa, posso sedermi qui?
Mentre sta per finire la prima birra, Nino riceve visita. Una ragazza, senza amici, si siede proprio di fianco a lui. Si beve gomito a gomito e la vicina di tavolo ordina un amaro. È ancora più sola di Nino che almeno, come tutti gli altri, va a birra... Finito (presto) l'amaro, la ragazza di mette a leggere un libro. Inevitabilmente gli sguardi si incrociano e Nino, alla terza pinta, ha voglia di parlare. Il silenzio, a parte il suono amico del motore, lo ha accompagnato tutto il giorno.
- Cosa stai leggendo?
- Mah, niente di particolare. Sono racconti di Edgar Allan Poe, ma questo fa davvero paura. Meglio. Così mi preparo alla notte

che mi aspetta a casa.
Nino non capisce.
- Perché? Ci sono i fantasmi?
- Sì, hai indovinato.
Mentre chiede al cameriere la quarta birra e il secondo amaro per l'amica appena conosciuta, Nino - fingendo di aver paura - le chiede di continuare il discorso.
- Sai, è proprio così. Però l'affitto è basso e noi studentesse...
Nino la interrompe bruscamente.
- Fermati qui. Sono storie che ho già sentito. Voi studentesse non avete soldi e allora...
- Oh, non farti strane idee. Che cazzo pensi? Non sono una puttana. Solo che, finché non trovo un'altra casa a quel prezzo, sono costretta a convivere con lui. Non c'è sempre. Arriva ogni tanto. Una volta ha fatto squillare tutta la sera il telefono di casa.
- Ma, scusa, magari ti stavano chiamando davvero.
- C'è un piccolo problema, Nino. In quella casa non c'è il telefono. Succedono cose inspiegabili, assurde. Un'altra volta, ad esempio, mi sono svegliata e, al mattino, c'erano chiazze di sangue per tutta la cucina.
- Vai avanti - la esorta Nino.
- Ieri sera, la luce. La spegnevo e si riaccendeva. Sono scoppiata a piangere e ho dormito all'aperto, su una panchina nel parchetto sotto casa.
Nino è rapito dai racconti della ragazza che, mentre la locanda sta per chiudere, gli chiede un passaggio.
- Mi accompagni a casa? Abito al Righi, quella collinetta lì. È proprio sopra Genova. In dieci minuti ci arriviamo.
- Dai, sali. Aspetta che tiro giù queste levette. Appoggia i piedi lì.
Dieci minuti dopo, arriva il momento più atteso della serata.

- Allora - domanda Nino - mi fai conoscere il fantasma?
- Certo. Sali pure. Anzi, se vuoi dormire da me ho un lettino nella stanza degli ospiti. L'importante è che tu non sia allergico al pelo di gatto. In casa ne ho due.
- Non ti preoccupare. Io sono allergico solo agli sbirri.
- Abito al quarto piano. Hai delle monetine per l'ascensore? Altrimenti bisogna farcela a piedi. In questo palazzo funziona così.
Nino ha solo pezzi di carta e allora su per le scale. La casa della paura è uno squallore. L'unica cosa bella sono due disegni appesi al muro.
- Ti piacciono, Nino? Li ho fatti io. Sono ritratti di supereroi. Quello che mi viene meglio è Daredevil. Vuoi da bere?
- Sì. Ce l'hai una birra? Non voglio mischiare...
- Certo, tieni.
Il frigorifero è spento, ma la bottiglia è stranamente fresca. Nino va a lavarsi le mani, poi torna in cucina.
- Qui non c'è proprio nulla. Neanche un asciugamano.
- Eh sì - risponde prontamente la ragazza - domani arriva mia mamma a portarmi il cambio.
Nino, già abbastanza carburato, si scola l'ultimo bicchiere della giornata prima di crollare, appena in tempo per raggiungere la brandina. In piena notte sente un rumore. Non è il gatto, perché i gatti non possono urlare.
- Sì - pensa - questo è proprio un urlo. E non può essere lei. È di un uomo. E anche grosso.
Nino però non riesce ad alzarsi dal letto. Forse non ha ancora del tutto smaltito i fumi dell'alcol. Guardando al di là della porta della stanza, appena socchiusa, intravede un'ombra nera in fondo al corridoio. Sembra avvolta in un mantello. Nino vorreb-

be andare dall'amica in pericolo, ma non ha le forze per camminare. E, come svenuto, cala in un sonno profondo. Sono ore di vuoto, di incoscienza, fino a quando una mano gli sfiora la fronte.
- Sveglia, sveglia!
È un signore sulla cinquantina.
- Scusami. Sono il portiere del palazzo. Stavo facendo le pulizie delle scale e ho visto la porta aperta.
Nino è ancora stordito, ma rispetto alla sera prima è già tutta un'altra cosa. Alzarsi in piedi è una faticaccia, ma dopo qualche secondo ce la fa.
- Che ore sono?
- Le tre del pomeriggio.
- E la ragazza che abita qui è già uscita?
Il portiere scuote la testa.
- Ma quale ragazza! È già la seconda volta che porta qui un pollo, lo droga e poi lo spenna. Io ho già detto al titolare dell'appartamento di cambiare la serratura. Con una spallata, si apre tutto. Ormai i gatti della vicina vivono su quella brandina.
Nino si mette le mani nella tasca dei pantaloni.
- Mi ha fregato il portafogli. Che puttana!
E così il soggiorno a Genova si allunga. Per una settimana, tutte le sere, Nino fa la posta sia alle locande dei caruggi sia all'appartamento del Righi. Niente. Neanche l'ombra della ragazza e nemmeno del fantasma. Non gli resta che slegare la moto da un palo, mettersi il casco e partire per Milano. Genova, però, è bellissima. E Nino non vuole lasciarla in una giornata di sole così. Anzi, visto che ci resta fino a sera, decide di appostarsi per un'ultima volta nella zona locande. Ormai senza speranza, guarda, osserva, scruta attraverso i vetri. Avrà visto migliaia di ragazze,

ma non quella che gli interessa davvero. Poi all'improvviso, da lontano, scorge un viso familiare.
- Beccata!
È vestita con lo stesso giubbotto nero ed è accompagnata da un omone, bandana in testa, barba folta. Parcheggiano un'Harley ed entrano in una locanda. A Nino ora è tutto chiaro.
- Ecco chi era quell'ombra nera...
Dopo un paio d'ore, l'omone e la ragazza inforcano la moto. Nino, da lontano, li segue. Adesso sa tutto di loro. Sa dove abitano davvero e sa a che ora rientrano a casa. Stavolta può finalmente tornare a Milano, ma per poco.
- Gianni, stasera andiamo a cenare a Genova?
Alle due di notte gli amici inseparabili, quelli che avevano preso il Moncler a Efrem e a tutta la sua classe, si ritrovano sul pianerottolo di un palazzo zona Marassi.
- Gianni, sono giù. Hanno chiamato adesso l'ascensore. Tu blocca lei e tappale la bocca, a lui ci penso io.
Nino e Gianni tirano fuori i ferri. L'ascensore si apre e... "Sorpresa!". La ragazza è in ginocchio. L'omone anche, con la bocca insanguinata. Ha una pistola premuta sui denti.
- Guarda, troia, il sangue del tuo fantasma! Ora aprite e non fiatate. Dove avete i soldi?
- Qui non c'è niente - abbozza l'omone.
Nino lo fa accomodare su una sedia, lo lega, gli chiude la bocca con del nastro e gli ripete: "Allora?". La testa dell'omone si scuote, come a voler dire che in casa non c'è nulla. Stessa domanda, stessa risposta, con il viso via via devastato dai pugni e dal calcio delle pistole. Poi, premendo il grilletto.
- Adesso mi hai rotto il cazzo. Ti do l'ultima possibilità di rispondermi.

La ragazza, piangendo, pone fine al martirio.
- Sono lì, dietro la lavatrice. È tutto quello che abbiamo.
Nino e Gianni, prima di lasciare Genova, hanno però un'ultima cosa da fare.
- Dai, togli il coperchio del serbatoio di quella Harley che intanto io mi fumo una sigaretta...
Mentre si allontanano, le fiamme raggiungono il primo piano della palazzina.
Il bottino è discreto, dodici milioni di lire.
- Tieni Gianni, sono tuoi.
- Ma no, Nino. Riprenditi almeno quelli che ti avevano fregato.
- Vai tranquillo, non ne ho bisogno.

22.

IL CALCIATORE UBRIACO

Nino, in effetti, a Milano potrebbe passare le nottate senza nemmeno aprire il portafogli. Lo conoscono tutti e tutti lo rispettano. Anche i calciatori, che aprono e chiudono le discoteche milanesi attorniati da troie, trans e cocaina. Tutto bene, finché si vince. Ma dopo un derby perso malamente è da incoscienti farsi vedere in giro ubriachi e fatti. C'è il rischio di imbattersi in qualche tifoso arrabbiato... Quella sera, fuori dallo stadio è un massacro. Gli ultras milanisti sfottono i cugini, ma a Milano, fortunatamente, non si va oltre. Le ultime mazzate vere risalgono alla prima metà degli anni Ottanta. Con un'escalation di violenze senza fine. Dai pugni ai coltelli, dai coltelli alle pistole. Sì, fuori da San Siro erano arrivati anche a spararsi. Una vendetta interista dopo il "derby dei caschi e dei bastoni", mattanza milanista sotto la Curva Nord. Il clima in città, dopo venti anni, è cambiato. Però Nino è incazzato nero. Perdere così proprio non gli piace.
- Dai, Alessandro. Andiamo a bere qualcosa. Non voglio sentirli coi loro canti.
La discoteca più alla moda di Milano è un carnaio. Tutti in coda per entrare. Nino e Alessandro girano intorno al locale e, dal retro, aprono una porta.
- Prego, entrate pure.
Alessandro, uno che con la vita notturna non c'entra nulla, dopo

tre minuti ne ha già le tasche piene.
- Nino, io vado. Non ce la faccio a stare ancora in mezzo a tutto questo casino. E poi c'è una puzza di fumo e di sudore da fare schifo. Ma come cazzo fanno a divertirsi, questi coglioni?
- Ok, Alessandro, mi hai convinto. Seguimi che ti porto in un posto più tranquillo.
Non è facile arrivare al di là della pista. Ci vogliono almeno tre minuti per percorrere una sessantina di metri. I ragazzi ballano, accalcati, e non c'è nemmeno lo spazio per mettere i piedi sul pavimento. Arrivati, faticosamente, dall'altra parte, Nino fa un cenno ai buttafuori. Quando i loro corpi gonfiati si spostano, appare una porticina.
- Ciao Nino. Lui è con te?
- Sì.
Alessandro scopre che le notti milanesi non sono uguali per tutti. Al di là della porticina non c'è puzza, non c'è folla. Sui divani c'è spazio per tutti.
- Ti piace il privè? domanda Nino ad Alessandro.
- Sì, qui è tutta un'altra cosa.
- Dai, vieni che beviamo qualcosa. Vuoi un gin-fizz anche tu?
- Va bene.
Nino e Alessandro si siedono al banco. Il barista è uno della Nord.
- Che schifo questa sera. Il Milan ci ha massacrato, che figura di merda. Per fortuna che dovevo lavorare e non sono venuto allo stadio. In compenso, guarda chi c'è lì.
Nino non capisce.
- Dove. Non vedo nessuno...
- Guarda bene, dietro quella colonna.
Nino si alza in piedi, fa qualche passo e torna al banco.

- Sì, l'ho visto.
- Pensa - gli risponde il barman - è già al quinto gin-fizz.
- Davvero?
- Certo. E gli sto preparando il sesto.
- Ok. Questo glielo porto io, se non ti dispiace.
Nino chiama Alessandro e si fa dare il bicchiere dal barista.
- Tieni Nino, ci sono anche gli altri due drink per le troie che sono con lui.
Al tavolo, abbronzatissimo e con la camicia aperta fino all'ombelico, c'è uno dei giocatori per i quali Nino e altri ottomila ragazzi della curva hanno perso la voce. Inutilmente, visti i risultati sul campo...
- Ecco i vostri drink...
Il calciatore è sorpreso e abbozza.
- Ciao Nino.
- Ciao un cazzo. Ma non ti vergogni essere qui, ubriaco, dopo la figura di merda di questa sera?
Il calciatore, milionario e con le troie accanto, non vuole passare per sfigato. E risponde a tono.
- Ma tu chi sei? E cosa te ne frega?
Nino appoggia il vassoio sul tavolino, poi dice ad Alessandro di andare dai buttafuori e avvisarli di non rompergli le palle per un paio di minuti. Guarda il calciatore fisso negli occhi, lo incenerisce.
- Ma no, Nino, fammi spiegare...
- Un cazzo, alzati e vattene!
Il calciatore per qualche secondo volge lo sguardo da un'altra parte e continua a starsene seduto sul divano di velluto marrone. E' un pugile suonato, un pallone gonfiato, un uomo senza spina dorsale. Vuole solo alcol e droga. Ma la festa è finita. Preso

per un orecchio, è costretto ad alzarsi in piedi. Barcolla. Nino, senza mollare la presa, lo accompagna verso una porta con la maniglia antipanico.
- Venite ad aprirmi - urla ai buttafuori.
Il calciatore, seguito dalle sue troie, non parla. Se ne sta zitto. Poi, dopo aver ricevuto un gran calcio in culo, si ritrova fuori dal locale con l'orecchio destro rosso e caldo come il fuoco. Per fortuna non ci sono giornalisti, altrimenti avrebbero parlato di vile attacco ultrà ai calciatori... L'episodio, però, diventa una leggenda metropolitana. Il tam tam dei nottambuli è pazzesco. E, per qualche settimana, il privè si svuota di calciatori interisti.

23.

LANCIO DEL MOTORINO

A proposito di attacchi ultrà, Nino mostra segni di nervosismo. I Bg, gli atalantini, mandano continui messaggi alla Nord. Vogliono assolutamente lo scontro. E i bergamaschi sono, da sempre, una tifoseria organizzata, seria, compatta, temuta e conosciuta in tutta Europa. Tra i Bg c'è un ragazzo coraggioso. Bermuda, ciabatte, smanicato: a loro risulta pure carismatico. Ha però il vizio di mostrarsi troppo. I riflettori, gli obiettivi dei fotografi, le telecamere, lo riprendono ripetutamente a torso nudo. È lui il capopopolo di ogni adunanza atalantina, ufficiale o no. Tutti lo rispettano, tutti lo seguono. Parla e predica la mentalità ultrà. La Nord interista è pronta ad accoglierlo.

- Parla di mentalità, ma dove si trovava quando non c'erano le scorte? - si domandano quelli oltre la quarantina.

Già, sono le scorte il problema da aggirare. E i Bg trovano la soluzione. Decidono di arrivare a San Siro in motorino. Un enorme corteo di motorini. Nell'era di Internet e delle deliranti chat tra ultras del computer (quelli che poi scappano alla vista del primo celerino), qualcosa trapela. Gli interisti non ci credono, ma comunque si preparano alla visita. Da Bergamo partono in tanti. Sono decisi, pronti sempre allo scontro. A Milano la Nord si ritrova, come di consueto, al baretto sotto la curva. Inter-Atalanta, maggio 2001, non è una partita come le altre. I Bg non sono sfigati come i gobbi, sono tosti. Proprio come il loro capo.

E si respira un'aria strana a San Siro. Nell'enorme piazzale dello Sport, improvvisamente, si blocca tutto. Scende un silenzio surreale. Eppure all'inizio della partita non manca tanto. Il traffico è bloccato da qualche minuto, i tram restano immobilizzati al capolinea, le famiglie si affrettano a imboccare l'entrata. La gente che resta lì, ha lo sguardo rivolto all'orizzonte. C'è un'enorme chiazza nera che avanza. Sibila, poi urla, poi suona. Sono loro, i Bg. Sono tanti e si avvicinano, compatti, allo stadio. La polizia è schierata, ma fermare un corteo fatto di scooter è pressoché impossibile. Nino e il suo gruppo si preparano.
- Sentiteli, si stanno avvicinando. Dai, andiamo dall'altra parte della strada, che magari ne acchiappiamo qualcuno.
Bg e Nord si ritrovano presto faccia a faccia. La polizia, stavolta, è disorientata. Lo sciame di motorini si spinge a un centinaio di metri dal baretto. Il capo dei Bg, con una decina di fedelissimi, aggira le forze dell'ordine. Vanno anche loro là in fondo, dove c'è Nino che li aspetta. Sembra l'inizio della fine. Bastoni, coltelli. Nino tiene a bada i Bg che gli vanno incontro. I fendenti solcano l'aria. C'è un Bg pelato, sulla quarantina, che arriva a tiro di Nino. Non c'è match. Nino lo sta per fare a polpette, ma nessuno retrocede di un millimetro. Fine dello show: la polizia carica proprio in quel fazzoletto di strada e tutto termina dopo pochi secondi con il pelato a terra, tagliato. Restano lì un po' di motorini, parcheggiati dai Bg. Uno di questi è quello del loro capo. Per la Nord diventa il simbolo della fuga dei rivali, è lo scalpo da mostrare al nemico. A San Siro è possibile farlo: c'è infatti una comodissima rampa che porta al secondo anello. E uno scooter non è poi così pesante. A partita in corso compare lassù, nel cuore della curva.
- Bruciamoglielo davanti agli occhi!

Un gruppetto di cinque o sei si scaglia contro il cinquantino. Lo prendono a calci e pugni, come se quel povero mezzo avesse violentato le loro mamme. Nel delirio collettivo la situazione degenera. Sollevano e buttano giù lo scooter, che rotola pericolosamente sui gradoni del secondo anello e si mette a rimbalzare. L'ultimo salto potrebbe proiettarlo al di là della transenna, verso il vuoto, per un tragico volo sul primo anello, una ventina di metri più sotto! Il rimbalzo finale, per fortuna, viene attutito dalla sella e dallo spigolo di uno degli ultimi gradoni. Il cinquantino termina la sua folle corsa, ripresa in mondovisione, sulla balaustra, proprio dove c'è lo striscione "Vota Pilati". In realtà è un lenzuolo bianco, con una scritta a spray, esposto da un ragazzo aspirante consigliere comunale della Lega Nord al comune di Milano. Non ce la farà per un centinaio di voti... Intanto la rissa con i motorini bergamaschi diventa uno spot contro la violenza negli stadi. Verrà usato dai politici per giustificare l'introduzione delle misure antiviolenza. Sono leggi speciali che non seguono le logiche del diritto e della democrazia: flagranza di reato differita a quarantotto ore, proibizione di muoversi sul territorio nazionale, diffida immediata emessa con la sola denuncia, prima del processo e, quindi, senza possibilità di difendersi. Come a dire: prima vai in galera, poi ne parliamo. E chi è colpito da Daspo (Divieto di Accedere alle manifestazioni SPOrtive) ha l'obbligo di firmare in questura quando gioca la sua squadra, ovvero dalle quaranta alle sessanta volte l'anno! La geniale trovata dei motorini si traduce in un clamoroso autogol per i ragazzi delle curve e in un assist per certi giornalisti visto che, in una stampa in gran parte asservita a interessi politici e finanziari (nessun giornale in Italia vive grazie ai lettori), ormai possono prendersela solo con le curve e i ciclisti (presunti) dopati. Tornano in

auge provvedimenti punitivi medievali. Nel 2010 il capo dei Bg verrà confinato, esiliato. Come Dante. Continueranno invece a imperversare, sulle spalle della gente, le solite famiglie di impuniti. Agli ultras resta solo la rabbia. E, dopo la folle domenica dei motorini, Nino è incazzato più che mai. Ce l'ha con chi ha buttato lo scooter giù per i gradoni e soprattutto con i Bg. Lui, cresciuto allo stadio, sa che adesso inizierà la repressione.
- Tutta colpa di quell'ubriacone di merda. Lui e le sue trovate. Quanto mi piacerebbe averlo tra le mani solo qualche secondo. Io e lui...
L'occasione per rivedersi ruota sempre attorno a un campo di calcio. Stavolta lontano dai riflettori, lontano dai milioni dei professionisti. A Cologno, hinterland milanese, arriva il Bonate: dilettantismo allo stato puro. Nel Bonate gioca "quello lì", il Bg della provocazione dei motorini sotto la Nord a San Siro. E la curva non può mancare alla partita del Bonate a Cologno. La aspettano come se fosse una finale di Champions. Il pullmino della squadra ospite è puntuale, preceduto da una macchina che frena all'improvviso. L'autista apre le porte e scende dal mezzo.
- Ma siete impazziti? A momenti vi vengo addosso.
Dalla macchina scendono in cinque. Contemporaneamente, dal lato sinistro della strada spuntano altri cinque ragazzi, altrettanti dal lato destro. Dietro sopraggiunge una vettura. Anche loro fuori. Il pullmino è circondato. Si sente urlare.
- Sono qui per me. Nascondetevi sotto. Veloci, cazzo.
Una fiamma, due, tre. Dopo pochi secondi le torce avvolgono nel fumo la stradina di Cologno. Partono sassate e bottigliate. Distesi tra le poltroncine, i ragazzi del Bonate vedono sbriciolarsi tutti i vetri. Ma il pericolo è il fuoco. I fumogeni e le torce potrebbero scatenare un rogo infernale. Poi tutto si placa. Il

pullmino è ridotto a un rottame e il capo dei Bg è stato ripagato con la stessa moneta. Un attacco a sorpresa, dimostrativo, con un bersaglio facile e assurdo: una squadra di dilettanti, giusto per far vedere che a Milano non può comandare un Bg.

24.

ATLETI IMPOLVERATI

Le serate di Nino, intanto, scorrono tutto sommato tranquille: non prende più i calciatori ubriachi per le orecchie, anche perché capisce che non può mettersi a litigare ogni minuto. Milano è ormai sommersa dalla cocaina e anche le periferie non sono da meno: un pippotto costa come una pizza e una birra. Bisogna convivere con questa merda e Nino sa benissimo che la vita notturna ha le sue regole. I calciatori, con le loro puttane, sono diventati una parte importante del business. Ma nei privè ci trovi anche giocatori di pallacanestro e il pilota. In un capannone abbandonato nei pressi di Opera, non lontano dal carcere, capita di fare strani incontri.
- È lui! Ma è pazzo? Si sta facendo una riga di cocaina lunga quanto un campo di calcio qui davanti a tutti. E guarda com'è ubriaco. Non ci credo....
Il pilota è uno straccio. Barcolla e alle sei del mattino decide di andarsene, proprio mentre il capannone sta per essere circondato dai carabinieri. C'è odore di retata e i suoi amici sono stati avvisati appena in tempo. Per qualche secondo il pilota si sottrae a un'imbarazzante identificazione. È lui uno dei re delle nottate milanesi. Sicuramente, il più sconvolto. Da Opera a Milano-centro non cambia abitudini. Stessa scena, vista qualche mese prima. Andrea, amico inseparabile di Nino e tifoso del pilota, assiste all'auto-distruzione del suo idolo.

- Ma allora è un vero tossico. Dopo il culo che ha avuto all'afterhour di Opera è ancora fatto come una biscia. Guardalo. Sarà il decimo bicchiere.
- Andrea, ma ti sconvolgi per così poco?
- No, Nino. E' che proprio non riesco a crederci. Sembra davvero tutta un'altra persona quando lo intervistano in tv.
- Lascia perdere. Questi sono tutti uomini di plastica. E pensa che vengono qui solo perché pippano e bevono gratis.
Alle tre del mattino, il barista curvaiolo chiama Nino al banco.
- Stavolta mi sa che finisce male. Il pilota non ha mai bevuto così tanto, è già al dodicesimo cocktail. Secondo me, sbrocca.
Uno della security si avvicina a Nino e gli sussurra all'orecchio.
- È svenuto. Sta malissimo. Abbiamo già chiamato l'ambulanza, ma non possiamo portarlo fuori. Magari qualcuno gli fa una foto con 'sti cazzo di telefonini...
- Aspetta - risponde Nino -. Mi faccio portare un po' di tovaglie. Copritelo per bene e dite ai lettighieri di aspettarvi dall'uscita di sicurezza che c'è là dietro.
I lettighieri non credono ai loro occhi. Raccolgono dal pavimento il pilota. È circondato dal suo vomito, con lo sguardo vitreo. Lo coprono e lo nascondono. Il pilota dipende da alcol e droghe: non sarà più lo stesso, né in gara né nella vita. Perso.
Chi invece è sempre dipendente dalle pippe è Coppola. Sì, il ragazzo che custodiva lo striscione dei Viking. Nino lo trova una sera mentre passeggia con un'amica mulatta.
- Mi sembra lui, chissà...
- Ciao! - grida quell'uomo dall'altra parte della strada.
Sì, è proprio Coppola, che ha una sorpresa. Nino attraversa e, passo dopo passo, inquadra meglio la ragazza.
- Oh no. Ma è un travestito! - pensa.

Coppola, come se niente fosse, la presenta.
- E' Adriana, la mia fidanzata.
Nino, imbarazzato, la saluta.
- Coppola, vedo che ti piacciono ancora le cose estreme.
- Eh già... Comunque aspettami un minuto. Ho tante cose da dirti. Lei abita qui, la accompagno su e poi ci andiamo a bere qualcosa insieme. Vuoi?
- Ok.
Coppola riappare.
- Cosa hai pensato? Guarda che scherzavo. Lei fa parte della mia scuderia. Ho quattro trans che lavorano per me in città. Io li vado a prendere in Brasile, li sistemo in Italia e penso a tutto: affitto, documenti, annunci sui giornali e sui siti specializzati. Qui in Italia ormai vanno tutti a prenderlo nel culo. Un trans bello, come Adriana, ti frutta cinque volte più di una donna. Trentamila euro al mese: facciamo fifty-fifty. Quando vuole, è libero di tornarsene a casa. In tre anni si sistemano. Loro e tutta la famiglia. Invece di te, Nino, so quasi tutto. Sei sempre sui giornali.
Nino ascolta senza particolare interesse.
- Sai, Coppola, io non ho mai dovuto pagare e poi non sono interessato al genere... Preferisco ancora la figa.
Coppola si mette una mano sulla fronte. Gli è venuta in mente la cosa più importante da dire a Nino.
- E poi... Dimenticavo... Sai chi è il cliente numero uno di Adriana? Quel calciatore straniero… Adriana mi ha detto che ce l'ha piccolo e allora gode facendosi penetrare da falli sempre più grandi. Non è mica l'unico sportivo che va da lei. C'è anche quel nero che gioca a pallacanestro a Milano e un ex tennista. Ma il più fuori di tutti è il giocatore dell'Inter. Pensa, lui va a

prenderla con il fuoristrada e la scopa per strada, nei cespugli dopo via Novara, vicino allo stadio. Forse lì si sentirà a casa sua. Boh... Guarda che è strana la gente...

25.

RISENTIMENTO MUSCOLARE

I calciatori sono tra i più strani. Quelli che erano gli idoli di Nino sono diventati dei fantocci. Li vede ogni sera ubriachi, fatti, impuniti. I peggiori sono i brasiliani. Scopano tutto ciò che gli capita a tiro, organizzano feste ad alto tasso alcolico. E non solo. Il catering di una loro adunanza prevede alcol, cocaina, puttane, trans. Tutto compreso nel prezzo. Gli organizzatori guadagnano, netti, dai trenta ai quarantamila euro per una notte. Tutta Milano ne parla, ma pochissimi ci hanno messo il naso. Un calciatore (italiano), famoso per le sue feste, è diventato amico di Nino. E scatta l'invito dopo un paio di birre in uno dei bar della movida milanese.

- Stasera ci troviamo in una villa, fuori Milano. Vieni, Nino?

Il calciatore è un tipo simpatico e Nino, per la prima volta, dice di sì. Entrare in quel giro gli serve e poi vuole vedere da vicino se davvero succede quello che si dice in giro. L'appuntamento è a una cinquantina di chilometri da Milano, però Nino non ha la macchina. Gli è stata portata via da un carro attrezzi dei vigili urbani: sosta vietata, anzi vietatissima. Aveva parcheggiato sul passo carrabile di un comando dei carabinieri... Così chiede a Giorgio di accompagnarlo.

- Non ti preoccupare, mi ha detto che posso portare un amico.

- Allora, di che si tratta? domanda incuriosito Giorgio.

- È la festa di un calciatore - risponde Nino.

Giorgio, cresciuto a pane e Gazzetta, non capisce.
- Ma scusa, Nino. Forse è la festa di un ex calciatore. Domenica si gioca la penultima giornata di campionato e sono tutte partite decisive...
- No, no. Hai capito bene. È la sua festa.
Giorgio pensa a uno scherzo, anche perché inizia a mezzanotte. Orario proibito per chi dovrebbe fare vita d'atleta.
- Nino, siamo arrivati. L'indirizzo è questo. Cazzo, che villa! Dai scendi e suona il campanello a destra del cancello.
- Sono Nino.
- Sì, le apro subito.
La macchina di Giorgio percorre un lungo vialetto di ghiaia, circa cento metri. Ai lati ci sono pini e pioppi. In fondo c'è il parcheggio. Suv, sportive, station-wagon, in tutto una trentina di auto. Nino e Giorgio si presentano. Due uomini in smoking, coi nasi da pugile, aprono la porta d'ingresso. L'attaccante, con un bicchiere di vodka in mano, va incontro a Nino.
- Ti aspettavamo. Eri il più atteso. Adesso ci siamo tutti e... c'è tutto.
Poi, rivolto ai due tipi all'ingresso.
- Evgeny, Marat: siamo al completo! Adesso non fate più entrare nessuno. Capito?
Giorgio stringe la mano al calciatore e si incammina verso il salone.
- Nino, guarda. C'è mezza Serie A. Andiamo a mangiare qualcosa, su quel tavolo c'è di tutto.
Arraffano un paio di tartine, poi Giorgio si dirige verso uno dei bagni. Niente da fare. Deve andare a farla fuori, sotto una pianta, perché quello al piano terra è occupato da un giocatore dell'Inter e da una ragazza impegnata a fargli un pompino. È un volto

noto della televisione, il classico trofeo del calciatore italiano. In piedi, fermo con il coso in mano, c'è un centrocampista dell'altra squadra milanese ad aspettare il suo turno. Alle quattro del mattino Nino e Giorgio salutano la compagnia. Sono stati gli ultimi ad arrivare e sono i primi ad andarsene. Il calciatore saluta Nino.
- Ma te ne vai già?
- Sì, grazie di tutto. E mi raccomando per domenica, fai un gol a quei bastardi.
- Non lo so se gioco. Forse mi terranno fermo. Diranno che ho un problemino muscolare, tanto i giornalisti non capiscono un cazzo. La società ha paura dei controlli antidoping. E stasera mi sono fatto tre piste... A proposito, qualità ottima.
Due giorni dopo al bar, sul banco dei gelati, Giorgio apre la Gazzetta e legge: "Non gioca. Risentimento muscolare".
- Che figlio di puttana!

26.

FINE STAGIONE

Nino, il ragazzo dello stadio, ormai fa parte del sistema calcio-moderno. Se ne fotte di vedere i giocatori della sua squadra ridotti a larve. Sta al gioco. Loro sono protetti, ricchi e circondati da parassiti: pippano in compagnia. Per i divertimenti spendono trecentomila euro l'anno. Sono sempre accompagnati da fighe e le fidanzate ufficiali sono dive della tv. Una sera si ritrovano tutti insieme a giocare a strip-poker. Le donne perdono sempre e mostrano le tette, i culi, le gambe. Dal vivo sono ancora meglio che in tv. Una delle due è particolarmente eccitata. E il fidanzato-calciatore anche.

- Dai Nino, scopala pure. Non sono geloso.

Notte dopo notte, Nino diventa carnefice e vittima della Milano maledetta. Il calcio era un ideale, seppur minimo, in cui credeva. Ma adesso gli attori sono cambiati: è tutto finto, come i risultati di metà delle partite di fine stagione. Infatti, da aprile in poi, il calciatore gira con un computer portatile.

- Che fai, ti sei dato all'informatica? gli domanda Nino.

- No. Mi serve per fare soldi.

Il calciatore, però, tronca subito il discorso con il tono seccato di chi ha già detto troppo. Nino fa finta di niente e lo saluta, fingendo di non aver nemmeno capito le sue parole. E' troppo facile arrivare alla conclusione: il pc è il mezzo per scommettere. Loro, i protagonisti dello spettacolo, possono fare ciò che

vogliono. E un giorno, al quarto bicchiere, il calciatore spiega a Nino.
- Vedi, amico, per pagare i miei vizi ho trovato questa soluzione. Basta mettersi d'accordo in quattro. Due di qua e due di là. È come se una squadra giocasse in tredici e l'altra in nove. Secondo te, come finisce? Ma noi, il nostro gruppo di amici, ha trovato un'altra soluzione. Ancora più semplice, ancora più facile. Uno di qua e uno di là. Anche dodici contro dieci funziona, credimi. È ancora meglio: meno gente lo sa, meglio è. E poi dividendo la torta in due, anziché in quattro, si mangia di più. No?
Nino ascolta, ma i suoi sogni di colpo grosso vengono subito stoppati.
- No - sbotta il calciatore -. Non chiedermi di dirti qualcosa sulla prossima torta. Questi sono cazzi miei.
Nino, però, è già andato oltre. Pensa.
- E se fosse uno contro nessuno?
Improvvisamente si mette a frugare nelle tasche dei pantaloni, ma non trova nulla. Impreca. Poi salta in macchina e vola verso casa. Nell'armadio ci sono altre quattro paia di pantaloni. Dalla tasca di un jeans, salta fuori un bigliettino con il numero di telefono dell'amico Coppola.
- Li ho messi in lavatrice. Non si vede più niente. Questo è un otto o un tre? E questo è un sette o un due... Dai proviamo.
Nino scende le scale, salta di nuovo in macchina. Cambia zona, passa da una parte all'altra di Milano.
- Ciao Coppola.
- No, ha sbagliato numero.
- Sono Nino.
- Nino? Chi?
Alla terza telefonata trova il numero occupato. E le monete fi-

niscono. Nino allora va a prendersi un caffè al bar. Paga con dieci euro e chiede alla cassiera se può dargli il resto tutto in monete. Rientra nella cabina telefonica e riprova. Stavolta con il due al posto del sette.
- Coppola?
- Si, Nino. Ciao!
- Coppola, devo parlarti.
- Stasera alle dieci va bene? Dove ci siamo trovati l'altra volta?
- Ok!
Stranamente, Nino arriva puntualissimo all'incontro con Coppola e, ancora prima di entrare nel locale, gli domanda.
- Ti ricordi quando mi parlasti di Adriana?
- Ah, porcello. Vuoi provarla anche tu?
- Ma no, che cazzo hai capito? Ascolta. Mi avevi detto di quell'ex tennista, che adesso fa il manager...
- Sì, è uno dei suoi aficionados.
- Ecco. Dovresti farmi un favore. Ho bisogno di contattarlo per un affare. Ho già tutto in mente. Ecco cosa devi fare...
Nino non ha il telefono cellulare, ma Coppola sa dove trovarlo. E un sabato sera - quando la Milano maledetta è schierata al gran completo con calciatori, puttane e baskettari - Coppola ricompare nei luoghi della movida con una sorpresa. Ha con sé l'ex tennista, di passaggio per un torneo giovanile. Sta mettendo sotto contratto i due migliori under 18 del mondo. L'ex tennista è un tipo sveglio, anche quando giocava non si faceva mancare niente. E Nino scopre che l'amicizia tra i due è una cosa vera.
- Sai - dice l'ex tennista - Coppola non mi ha mai tradito. So che ti ha raccontato di Adriana. E' la prima volta che ha spifferato a qualcuno del mio vizietto e me lo ha detto. Ormai la cazzata l'ha fatta. Però, per me, Adriana è tutto. E loro con me

hanno sempre giocato pulito. Ho degli amici che sono stati ricattati, sputtanati, raggirati. Andare a trans, per uno come me, è un peccato mortale. Se si sa in giro, è la fine. Addio carriera da manager, addio soldi, addio tutto.
Nino rassicura l'ex tennista.
- Guarda che io non sono né un infame né un poliziotto né un giornalista. Non dirò a nessuno di te e Adriana. Volevo solo incontrarti per proporti un affare.
- E di che affare parli? chiede, incuriosito, l'ex tennista.
- Scommesse - risponde Nino -. Non è possibile combinare un incontro, uno solo? Fai perdere uno dei tuoi e ci mettiamo a posto. So già dove scommettere, nell'anonimato più completo. Ci sono un paio di siti asiatici che accettano gioco fino a cinquecentomila euro e pagano cash.
L'ex tennista ci pensa un attimo
- Sai Nino. Io sono già ricco e non mi interessa guadagnare mezzo milione di euro così. Stavolta parlo io e ascolta. Dammi tempo. Fra una settimana, un mese, un anno al massimo ti accontenterò. Fammi pensare bene. Regola uno: niente telefonate tra noi. Regola due: scommetti tu, io non ne voglio sapere. Però tu non devi dire nulla di me e Adriana. E anche tu, Coppola. Pagherò così il vostro silenzio.
L'ex tennista se ne va.
- Se vuoi stare al gioco - dice Nino a Coppola - facciamo metà a metà.
Coppola taglia corto.
- No, io con le scommesse sono sfigato. E poi il mio tennista vincente l'ho già trovato. Con tutti i soldi che dà ad Adriana...

27.

DOPPIO FALLO

Nino sta al gioco, finge di crederci. Ci ha provato, ma sa benissimo che l'ex tennista si dimenticherà presto della promessa. E la vita prosegue, in una Milano sempre più drogata di sballo. Nino ogni tanto ci pensa, ma da Coppola non arriva mai un segnale mentre l'ex tennista se la gode, in giro per il mondo a mungere i suoi baby-prodigio. Passa per Milano una volta l'anno, incontra Adriana e poi se ne va. Gli ultimi arrivati in scuderia sono tre ragazzi talentuosi ma ingovernabili. Studiano e si allenano in Italia. Uno arriva dall'Argentina, uno dalla Russia e un altro dal Belgio. Ragazzi sui venti anni e già da prime cinquanta posizioni al mondo. Molto amici, sono cresciuti assieme nei challenger e hanno tre passioni in comune: le donne, lo sci e il fumo. Durante l'inverno passano almeno un paio di settimane sulle Alpi. In montagna il loro maestro è Claudio, un ragazzo milanese che sulla neve sa fare tutto. È stato anche l'apripista in qualche gara di coppa del mondo, forse poteva farle davvero quelle gare, ma il suo problema è la pazzia. Ha passato la gioventù a sciolinare attrezzi nella cantina di casa per preparare i weekend sulla neve. Ed è stato uno dei pochi a sciare anche sulla Montagnetta di San Siro. Lo ha fatto nel 1984, il giorno dopo il Parallelo di Natale vinto da un certo Alberto Tomba. C'erano già le ruspe al lavoro per togliere la neve artificiale, ma Claudio era lì, con una Mini Minor, a far impazzire una decina di spettatori passati per

caso. Giù per la discesa e poi un salto e poi un altro ancora sopra i solchi lasciati dalle ruspe. Con un amico, al volante della Mini, a fargli da skilift per riportarlo in cima. Vent'anni dopo, Claudio è ancora uno sciatore da sballo con l'hobby del tennis, sport per il quale non è proprio tagliato. E un giorno, a Madonna di Campiglio, Claudio incrocia sulla pista tre ragazzi.
- Guardate, state sbagliando tutto. Se volete curvare, dovete appoggiarvi sull'altra gamba. Ecco bravi, così. Visto che adesso va meglio?
I ragazzi seguono i consigli di Claudio e passano un paio d'ore meravigliose. Poi, al momento dei saluti, scoprono che il maestro di sci sta nel loro stesso albergo.
- Scusaci, Claudio. Per caso ti piace il tennis? Sai, tu ci insegni a sciare e noi ti insegniamo a colpire la palla con una racchetta.
- Ok. Ci vediamo sul campo dell'albergo stasera alle otto.
Claudio sta pensando di essere vittima dei soliti bulli da terra battuta.
- Io gli insegno a sciare e loro sono i classici *sboroni* da tennis club. In Italia tutti dicono che hanno giocato la Coppa Italia, che sono C1, che da ragazzini... Poi sono dei cessi. Vabbè, però almeno questi sono simpatici. Mi sa tanto che stasera dovrò anche insegnar loro a fare dritto a rovescio.
Alle otto in punto, Claudio e i tre allievi si ritrovano sul campo da tennis dell'albergo. Tre-palle-tre e Claudio capisce che i ragazzi sono di un altro livello. E che livello! Le palline passano, tutte, un centimetro sopra la rete. I colpi sono profondi, veloci. Poi l'argentino si mette a rete: uno spettacolo. E le palle corte, una cosa mai vista. A Claudio sembra di giocare contro un muro. Una la stecca, un'altra la sparacchia. Eppure gli tornano tutte palle pulite. Alla fine, decide di sedersi e godersi lo spettacolo

di un allenamento tra piccoli fenomeni. La settimana bianca si chiude con il classico scambio di numeri di telefono. Claudio e i tre ragazzi resteranno amici per sempre...
Un anno dopo i tre ragazzi sono già ricchi, affermati. Claudio invece è sempre il solito farfallone. Però è simpatico e pazzo. E decide di seguire gli amici, impegnati in un torneo in Austria. Tutto gratis, ovviamente. I tennisti dormono in stanze doppie e Claudio trova posto dal ragazzo russo. Appena arrivato, riesce anche a farsi fare un pass dagli organizzatori con tanto di foto. Per qualche giorno diventa il coach dei tre ragazzi. Nel primo turno, vincono sia l'argentino che il russo. Il belga, invece, gioca solo il doppio perché ha problemi alla schiena. Alla sera, al ristorante, Claudio capisce che c'è qualcosa di strano nell'aria. Il russo e l'argentino, amici fraterni, si guardano e poi scoppiano a ridere.
- Cosa c'è? domanda Claudio.
Mentre continuano a ridere, è il belga a spiegare tutto.
- Niente, Claudio. Domani c'è il secondo turno e giocano, per la prima volta, uno contro l'altro.
Il conto è stranamente pagato dal russo, il più attaccato ai soldi. Poi ci sono le canne e qui offre il belga. Fumano insieme e il russo, al rientro dopo un lungo infortunio, guarda l'amico argentino.
- Allora, niente scherzi. Io ho bisogno di vincere per rientrare nei primi cento ed evitare così le qualifiche al prossimo Slam. Ti do settemila euro, la metà del premio del primo turno dello Slam. E qui, per divertirci, ci giochiamo davvero il primo set. Se lo vinci tu, ti becchi i soldi del turno in cui uscirò in questo torneo.
L'argentino, che è intorno al trentesimo posto del ranking, si alza e sbotta.

- Ma io non posso perdere. Sono il più forte, ho una reputazione da difendere.
Lo scherzo dura poco, il tempo di darsi una reciproca pacca sulle spalle.
Alle tre del mattino squilla il cellulare di Coppola. Anche l'ex tennista, ora manager dei tre ragazzi, è al corrente della combine. È restato in America, ma l'ordine di scuderia è proprio questo: aiutare il russo.
- Coppola, dammi la tua mail. Ricordi? E' per quella promessa che ti avevo fatto...
Alle dieci del mattino, da un pc di Milano, parte l'ordine: duecentomila euro a uno e mezzo sulla vittoria del russo. È trasmesso prima all'agente e poi al master, uomini dell'est che agiscono in Italia e fanno da ponte con l'Asia. Per una partita del campionato di calcio di Serie B, raccolgono anche venticinque milioni di euro di giocate. Il master ha a disposizione numerosi conti gioco, cifrati e anonimi, che utilizza in Asia e gestisce in accordo con un bookmaker con licenza filippina. Per Nino, tolti i quattromila euro per l'agente (il quale lavora al 2% sui movimenti di gioco), la vincita netta sarebbe di 296mila euro. Ha puntato tutti i soldi su una partita di tennis: è ciò che desiderava fare da un paio d'anni... In Austria l'incontro comincia alle quattro del pomeriggio. Il primo set finisce 6-3 per l'argentino. Nino non sa dell'accordo dei due amici... Inizia il secondo set: 3-1 per l'argentino, che arriva al 5-2. Sul 5-3 serve per il match ma fa due doppi falli: 5-4. Finisce 7-5 per il russo che vince anche il terzo set 6-3. È fatta! Nino è un uomo ricco. Senza rapine, senza cocaina di mezzo. Dopo quattro giorni i soldi sono accreditati sul conto di una banca romena. L'agente parte dall'Italia, riempie una valigetta di denaro e consegna il contante a Nino. Il tep-

pista, però, vive senza vivere. È controllato, spiato, diffidato. Per le cosiddette istituzioni diventa uno scalpo da agitare di fronte all'opinione pubblica.

28.

RIVINCITA ULTRÀ

Nella Milano maledetta anche le curve soffocano. Contano solo le tribune d'onore e gli sky box dove alloggiano i potenti con le loro troie. Gli ultras sono considerati reietti e animali, tumori da estirpare. E così la lotta alla violenza si trasforma in becera repressione da staterello di polizia. La Nord, a Verona, non può portare per esempio dentro lo stadio le bandiere dell'Argentina perché un responsabile della sicurezza le ritiene simboli politici. E, all'uscita, gli uomini di Ps, armati di telecamerina, inseguono i ragazzi fino al parcheggio e li riprendono, invitandoli a mostrare i documenti, anche quando ormai sono dentro le loro auto. A Udine, in nove non hanno il biglietto. Vogliono comprarlo, ma trovano le biglietterie chiuse nonostante il settore ospiti sia mezzo vuoto. Allora gli altri chiedono di uscire, di tornarsene a casa. Risposta: vengono chiusi fino a fine partita dentro lo stadio, con tanto di lucchetti sulle maniglie anti-panico!

Ma gli ultras non mollano. Gli interisti si radunano al giovedì, nel baretto sotto la Nord. Studiano striscioni e coreografie, completamente auto-finanziate. Il Rosso e altri ragazzi, di notte, lavorano in un capannone e preparano lo spettacolo del tifo. Solo per passione, senza interessi. Chi è abituato a ragionare al contrario (solo per interessi, senza passione) è convinto invece che sia tutto pagato. Balle. La coreo della Nord nella finale di

Madrid, diventa una delle immagini-simbolo della Champions 2010, proprio come i gol di Milito. Altro che vuvuzela dei sudafricani, trombette dei giapponesi e cori degli inglesi... I turisti stranieri, quando vanno a San Siro, guardano più la Nord o la Sud che la partita. Lo spettacolo e la passione sono lassù. Eppure, ogni giorno, i quotidiani sportivi ospitano interminabili pistolotti sul pericolo delle curve negli stadi, l'immancabile velina del Ministro Maroni sull'efficacia della Tessera del tifoso, l'inevitabile fondino sul modello inglese...
È un continuo gettare merda su quelli che poi sono i propri lettori. Nelle riunioni, al baretto sotto la Nord, Nino sbotta.
- Avete visto i leghisti? Li avete votati tutti. E cosa hanno fatto? Occupano solo poltrone e si sono inventati la Tessera del tifoso per fare un bel regalo a tv e banche. Stanno ammazzando la nostra passione. E l'avete visto il Trota? E quello sarebbe il futuro?
Il messaggio passa. I ragazzi questa volta sanno come farsi sentire. Il tam tam corre dalla Nord interista alla Sud milanista. Sono tanti, migliaia, e sono la parte buona dello stadio. Quella che colora lo squallore della Serie A. Sono gli ultimi ribelli di una Milano saccente, presuntuosa, che ha battuto Smirne (avesse detto Tokyo, New York, Melbourne, Londra, Pechino...) e si è guadagnata la torta miliardaria dell'Expo.
- Guardate che pezzenti i nostri politici: litigano ancora prima di mangiarsela. Prenotano fette, le più grandi possibili.
I ragazzi al baretto non leggono più i giornali sportivi, ma si interessano alle prime pagine dei quotidiani politici. Il duello per il sindaco di Milano, alle elezioni amministrative 2011, diventa il momento più atteso dalle curve milanesi. A spanne sono almeno ventimila voti e alle comunali rappresentano una bella ics,

una variabile impazzita. Mentre i leghisti studiano la maniera migliore per piazzare figli e nipoti sulle poltrone che contano, i ragazzi delle curve studiano la maniera migliore per battere chi si "è fatto pubblicità sulla pelle degli ultras". Ascoltano Nino - l'accoltellatore, il teppista - e se ne fregano dei bollitissimi corsivisti. E poi non servono tanti discorsi. Basta sentirsi parte di un gruppo, vero e di amici, per schierarsi da quella parte. Curva Nord e Sud, insieme, hanno già scelto come votare. Dopo aver urlato e manifestato contro Maroni, senza essere stati ascoltati, il popolo degli ultras sta per trasformarsi nel boia del suo assassino. Sedici e trenta maggio 2011, il centrodestra perde Milano dopo quasi vent'anni: sia al primo turno che al ballottaggio va sotto. È una batosta storica. Il divario finale è circa del dieci per cento. In piazza Duomo festeggiano i fedelissimi di Giuliano Pisapia, nuovo sindaco di Milano. Ma anche quelli della Nord godono nel vedere la faccia impietrita del ministro Maroni nei commenti post-voto. Stesso discorso per la Sud milanista. È la rivincita di tutti quei ragazzi insultati per anni dai giornali e dai politici. I nuovi Colossei, semmai, sono le tribune d'onore dove deputati e senatori - scortati all'Olimpico di Roma con le loro prepotenti auto blu e ovviamente con ingresso a scrocco - durante la premiazione di Inter-Palermo, finale di Coppa Italia 2011, tirano palle di carta, sputano e imprecano contro gli arbitri per presunti favori ai nerazzurri. Ovviamente nessuno osa chiedere i documenti a dei parlamentari passibili di Daspo. Sono le facce più brutte e ignobili del potere, quelle che si arrogano il diritto di limitare la libertà personale dei ragazzi delle curve con leggi illiberali e irrispettose del diritto che si studia nelle scuole.

I nemici degli ultras ora sono stampa e politica. In edicola, la

rivincita delle curve si consuma facilmente con il costante boicottaggio dei quotidiani sportivi. Decidono di non comprarli più.
Nino, un giorno, incontra in carcere un giornalista vicino agli emarginati, autore di un libro sulle condizioni disumane dei carcerati. Parole ad effetto, passaggi per certi versi commoventi. Scatta l'applauso di tutti. Meno uno.
- Ho sentito da lei - sussurra Nino all'orecchio del letterato - tanti bei discorsi sulle condizioni di vita nelle galere italiane, sul sovraffollamento... Mi sembrano tutte considerazioni giuste. Però, c'è un però... Lo vede? Questo è un suo articolo di un anno fa. Chiedeva il carcere duro anche per l'accensione di un fumogeno allo stadio. Anni di galera. Adesso che mi dice? Non si vergogna?
Nino viene allontanato dalle guardie, senza ottenere risposta.
Contro i politici le curve scelgono invece l'arma del voto. Gli stessi personaggi che, tronfi, impongono la pubblicazione delle loro veline sull'efficacia della Tessera del tifoso, diventano improvvisamente pallidi e timidi. Perse le elezioni, sembrano maiali diretti al macello. Nino, con gli amici di sempre, stappa una bottiglia di champagne per festeggiare lo schiaffone dato a Maroni.
E glielo fanno anche sapere con uno striscione lungo sessanta metri srotolato durante l'ultima partita di campionato: "Centrodestra: noi tesserati non vi abbiamo votato. Bossi e Berlusconi ringraziate Maroni". Striscione e messaggio ovviamente ignorati da una stampa abituata a scrivere, da sempre, le solite banalità sulle curve. Con le solite etichette: nera, verde, rossa e gialla, ricca, collusa... Sono articoli scritti in pochi minuti con comodi copia-incolla da qualche sfigatissimo sito Internet op-

pure copiando pezzi di venti anni prima. Per i cialtroni dell'informazione è più facile lavorare così, per stereotipi, invece che capire e studiare il fenomeno e l'evoluzione di una curva diventata apolitica o politica a trecentosessanta gradi. Il calcio, gli amici, le birre e, perché no, anche un fumogeno acceso possono voler dire tanto. E non esiste che un ministro cancelli tutto.

29.

GIRO D'EUROPA

Nel 2011 Nino è forse l'unico in Italia che viva ancora senza telefono cellulare. La sua vita è una prigione. Dodici edere tatuate sul braccio dall'amico Davide-Lambrate stanno agli anni di galera scontati. E le stagioni in libertà sono da uomo braccato, spiato, inseguito. Adesso Nino è ricco, grazie all'ex tennista, ma senza la possibilità di godersi i soldi. Una sera va al bar della Crocetta, i migliori panini d'Italia. Sono centinaia, tutti diversi, tutti buonissimi. Li ha inventati Giuseppe "Bip Bip", un maestro. Con Gianni, l'amico di sempre, Nino beve tre, quattro medie. Ricordano quando, insieme, hanno visto "C'era una volta in America" sul divano di via Capuana durante i domiciliari per quel maledetto Ascoli-Inter.

- Il senatore - sostengono entrambi - alla fine si è buttato nel camion delle immondizie per aver tradito un'amicizia.

Già, l'amicizia. Nino è rimasto con quella e con tanti euro su un conto estero. Nel bene e nel male, lui è così. Non ha mai tradito, non ha mai colpito alle spalle e non ha mai ucciso. Eppure i giornali gli dedicano pagine intere. Lo vogliono eternamente incatenato, imprigionato, perché spirito folle e libero. E allora Nino decide di farla finita.

- No, Gianni, non ho deciso di ammazzarmi. Ho solo deciso di godermi la vita. Voglio andare via, voglio scappare. Sì, scappare. Al di là del confine. Voglio vedere e scoprire cosa vuol dire

vivere da uomo libero, senza essere riconosciuto per quel che ho fatto. Da domani sparisco.
Gianni capisce che Nino non sta scherzando. Lo conosce da venticinque anni e sa che la scelta dell'amico di sempre è definitiva e senza ritorno. Gianni ha gli occhi lucidi.
- Uè pirla. Che fai, piangi? Guarda che dovresti essere contento. Sto per diventare una persona normale, libera. E soprattutto anonima. Ho una carta di credito che, per 4 anni, mi farà vivere bene. I soldi ci sono.
Si abbracciano.
- Nino, spero, un giorno, di rivederti. Con queste dodici edere sul braccio e con questa cicatrice che ti attraversa tutta la pancia. Ti ricordi quella sera? A momenti quello sfigato ti ammazza... Amico mio, ti voglio bene. Tu per me ti saresti buttato nel fuoco e io per te avrei fatto lo stesso.
- Già - risponde Nino -. Da noi funziona così.
Poi chiede il conto.
- Niente. A posto così.
Alle sei del mattino, Nino è alla Stazione Centrale con la sola carta di credito in tasca. Passa davanti alla panchina dove dormiva Occhiolino, passa dall'atrio dove ci si ritrovava con i ragazzi della curva per le trasferte. Stavolta la destinazione non è né Roma né Napoli né Firenze. Nino spende i primi soldi della sua carta di credito per un biglietto prima classe per Montecarlo. Caffè doppio, la lettura del secondo capitolo (Inter-Milan) del romanzo Il Mediano nella Birra di D'Ambrosio Angelillo e il viaggio è già finito. Nino scende dal treno, prende un taxi.
- Hippodrome de la Côte d'Azur!
Il signor Carlos, quello che lo aveva salvato da ragazzino, non c'è più. La sua scuderia è diventata di un altro. C'è un mani-

scalco, con la maglia di Totti, che sta ferrando un cavallo. E Nino ne approfitta.
- Scusa. Parli italiano?
- Sì, dimmi.
- Cercavo il signor Carlos. Qualche anno fa queste erano le sue scuderie. Tu, per caso, sai che fine ha fatto?
Il maniscalco si volta e guarda in faccia Nino.
- Sei un poliziotto?
- Non ti permettere, pezzo di merda.
- No, scusa. Lasciami.
- Allora, sai dirmi qualcosa o no di Carlos?
- Sì, seguimi al bar.
- Perdona, ma darmi del poliziotto per me è una grande offesa. Cosa posso offrirti?
- Un Campari.
- Allora, dimmi di Carlos.
- Purtroppo devo darti una brutta notizia. Carlos è morto cinque anni fa. Un tumore al pancreas se lo è portato via in due mesi. I suoi cavalli sono stati tutti donati all'ippoterapia. Pensa, c'era chi gli offriva centinaia di migliaia di euro, ma ha chiuso tutto. Io lavoravo per lui e, prima di morire, mi ha chiesto di prendere una coppa alla quale teneva particolarmente. Mi ha anche detto che se si fosse presentato un ragazzo italiano...
Nino, il teppista, ha gli occhi lucidi.
- Dammela!
Sui comodini degli alberghi francesi, spagnoli, portoghesi, spicca il trofeo Città di Milano. Diventa l'inseparabile compagno di viaggio per l'Europa. Nino vive finalmente da uomo libero. Ovunque vada è rispettato e non riconosciuto. Paga sempre cash, non prende macchine a noleggio, non telefona,

si muove solo in treno attraverso i Paesi dell'Unione Europea. In pratica, è diventato un fantasma. Impara il francese, lo spagnolo e l'inglese. Lontano dal vizio, non pippa più. Con cinquemila euro al mese, fa la vita del nababbo. Alberghi, ristoranti, taxi... La città che più affascina Nino è Londra. Lì ci passa almeno quattro mesi l'anno. Ha una convenzione con un alberghetto e riesce a contenere i costi e a stare nel budget. Con il calcio, Nino ha chiuso. Però Londra è una delle capitali di questo sport e la tentazione è troppo forte. Un giorno, Nino compra un biglietto di una partita. C'è Chelsea-Millwall, uno dei derby storici della capitale britannica. Tifoserie sulle quali esiste una letteratura vastissima. In realtà, nella sua precedente vita da ultrà, Nino gli inglesi li ha sempre visti scappare. Ubriachi, cani sciolti, non organizzati e soprattutto scarsi nello scontro fisico. Tutte le volte che l'Inter, nelle coppe, pescava una squadra britannica era una delusione. Al contrario, a volte non bastavano nemmeno le coltellate per far scappare certi ultras olandesi o tedeschi. Sta di fatto che, esattamente come per le curve italiane, anche per il tifo inglese i giornalisti sono andati per anni di copia e incolla. E così il mito degli hooligan è sopravvissuto anche quando era già morto da un pezzo. Quando Nino entra a Stamford Bridge, gli sembra di stare a teatro. Non solo per la bellezza dello stadio. Nessuno scontro, nessun fumogeno. È questo il risultato del famoso modello inglese grazie al quale è stata sconfitta la violenza nel calcio. E Nino lo vede e lo tocca con mano. Partita scialba, zero a zero, scenario superbo in tribuna. Tutto merito delle leggi volute, già negli anni Ottanta, dall'inflessibile Margaret Thatcher. Ma Nino, mentre torna in albergo, scopre che il modello inglese ha anche un lato B, poco pubblicizzato dagli studiosi della violenza

negli stadi. Da un angolo buio, escono in due. Hanno meno di vent'anni. Uno gli punta il coltello alla gola, vuole i soldi. Nino si infila la mano nella tasca dei pantaloni dove ha il portafogli, abbozzando con l'altra un gesto di resa. È un attimo: parte una testata sul setto nasale del ragazzo con il coltello in mano che crolla a terra, tramortito. L'altro scappa. Nino si impadronisce della lama e la infila nella coscia del ragazzo. Poi lo afferra per i capelli, gli prende la testa e la fa sbattere sull'asfalto con violenza. Una, due, tre volte.
Nino diventa fuorilegge anche per la legge di Londra dove nel 2010 sono stati uccisi con armi da taglio diciannove giovani, di età dai quindici a vent'anni, nella guerra tra gang di quartieri diversi. Il modello inglese, nel corso degli anni, ha prodotto questo. Stadi puliti, strade sporche... Dopo Chelsea-Millwall, Nino non può più essere cittadino di quella città. È costretto ancora a scappare. Il quarto anno di libertà lo trascorre quasi interamente a Barcellona. La carta di credito risponde ancora bene e in Catalogna sta per arrivare l'Inter. Nino aspetta la partita di Champions con impazienza. Si compra il biglietto del quinto anello ospiti. Sembra un secolo fa, quella sera al bar della Crocetta. A Barceloneta, luogo di ritrovo dei tifosi ospiti, Nino si presenta già a mezzogiorno. La gara è alle venti e quarantacinque... Da Milano arrivano in tanti. Sono rumorosi, festanti. E Nino cerca tra la folla gli amici di sempre: Giorgio, Walter, Pilone, Alessandro, Gianni... Nessuno. Non trova nessuno.
- Magari - pensa - sono sulle ramblas.
Nemmeno lì.
- Li troverò allo stadio.
Nemmeno lì. Nino esce subito dal Camp Nou, la partita deve

ancora cominciare.
- Bastardi, li avete ammazzati.
Torna in albergo e prende la coppa di Carlos. La vita in libertà è finita. Il treno, questa volta, ha come destinazione Milano. Si torna a casa.

30.

AUTOSCONTRI

Alle otto del mattino, Nino ripercorre in senso inverso la strada di quattro anni prima. L'atrio, la panchina di Occhiolino. Tutto uguale. Passa dalla mamma e, sul pianerottolo, incontra il vicino di casa. È sempre la solita Quarto Oggiaro.
- Roby, che ti sei fatto? Perché zoppichi così?
- Niente, mi hanno sparato alle gambe un mese fa.
La signora Anna sente la voce del figlio e finalmente può riabbracciarlo.
- Questa è tutta la posta di quattro anni.
La prima busta contiene la famigerata Tessera del tifoso. Viene fatta a pezzi. Poi Nino prende il telefono e chiama Gianni.
- Come stai? Vediamoci domani al bar della Crocetta.
Notte senza dormire e poi...
- Gianni, che è successo?
- La curva si è sciolta. Le diffide, le leggi speciali... Ce ne siamo andati tutti. E, senza di noi, le tribune sono ancora più vuote. Per anni hanno detto di voler portare le famiglie allo stadio, ma le famiglie non possono spendere duecento euro a domenica per quattro biglietti. Ti ricordi i teloni con il pubblico disegnato che mettevano a Trieste per far sembrare lo stadio pieno? Pensa, sono arrivati anche in Serie A... Qui hanno sposato la politica del proibizionismo. Chiudi di qua, chiudi di là, non c'è più un posto dove andare. E alla fine i ragazzi si sono stufati di mastur-

barsi davanti alla tv. Con tutta questa disoccupazione, sono al delirio. In centro ti ammazzano per dieci euro, in periferia si scannano tra bande.
Al bar Nino non riesce a pagare il conto, come quattro anni fa. Non perché sia il teppista, ma solo perché è un amico ritrovato. Nino, con la sua coppa in mano, gira per la città. Cammina e incrocia sulla sua strada un concessionario Mercedes.
- Buongiorno.
- Buongiorno, sarei interessato all'acquisto di una macchina. Mi piace quella là, ma prima vorrei provarla.
- Non c'è problema. Oggi è il porte aperte dei nostri concessionari. Mi lasci solo un documento, che le faccio preparare la vettura.
- Prego, signore.
- Grazie.
- Ma che sta facendo? È impazzito!
Bam, bam, bam. La macchina sfonda la vetrina, entra nel salone. Si gioca ancora agli autoscontri e sono danni per decine di migliaia di euro. La carta di credito ha esaurito i fondi. Soldi non ce ne sono più. Nino strappa il cellulare dalle mani del venditore.
- Gianni, domani mi accompagni a casa di quel mio amico? Come si chiama, non mi ricordo... Ah sì, Efrem!

Indice

Terza Edizione
Finito di stampare nel mese di dicembre 2011
per conto di Indiscreto da
Mediaprint srl, via Mecenate 76/32,
20138 Milano
Printed in Italy